DIWALI

ACTIVITY BOOK FOR KIDS

This Book Belongs To:

____

____

1
2
3
4
5
6
7
8
9
10
11
12
13
14
15
16
17
18
19
20
21
22
23
24
25
26
27
28
29
30

COUNT AND TRACE

1

Spot The Differences

Maze

COUNT AND TRACE

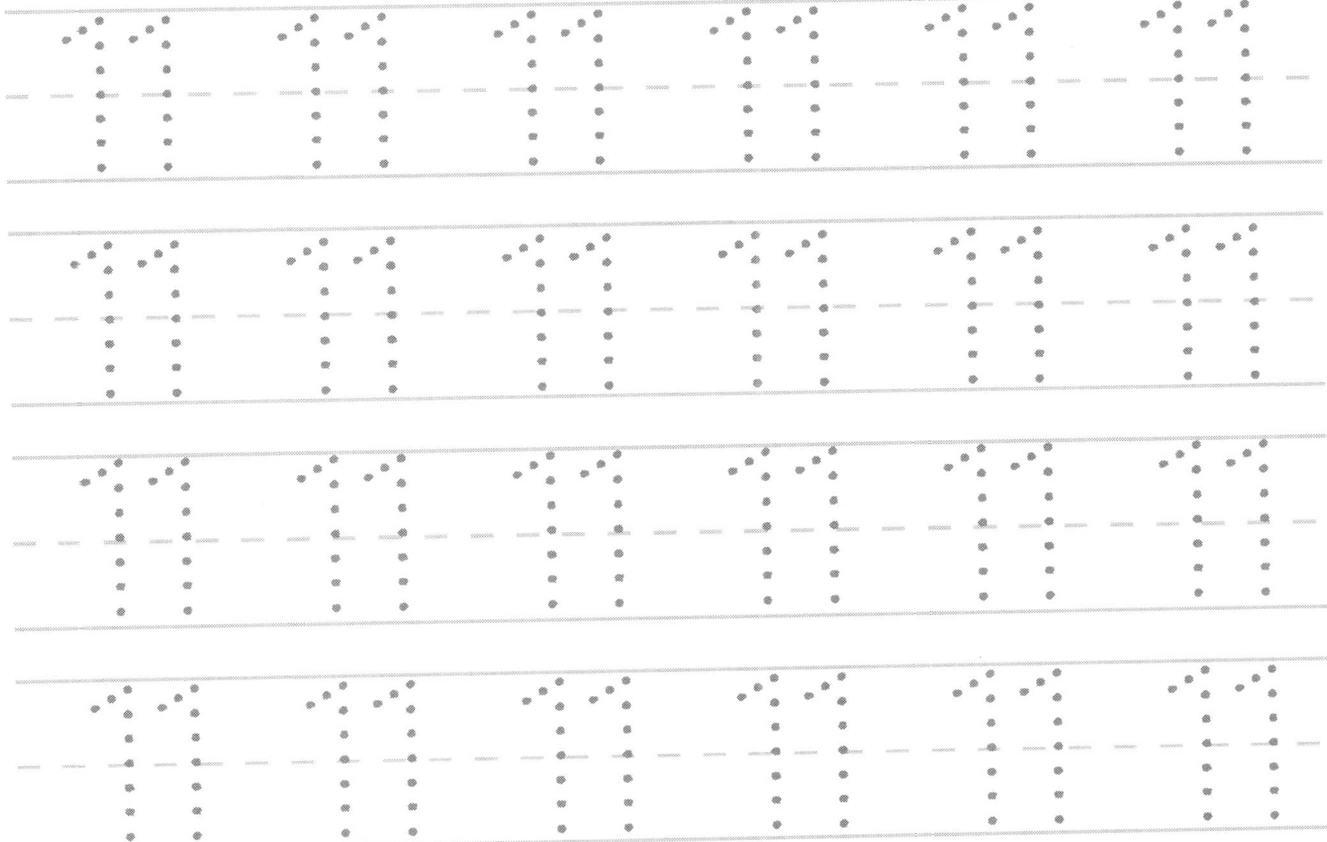

r	l	d	a	x	i	s	e	z	v	g	u
o	f	m	n	t	h	e	k	m	q	v	m
e	a	n	h	g	o	o	d	c	t	m	v
r	e	g	f	p	l	v	q	o	a	m	y
t	i	d	l	i	k	z	s	a	c	n	f
l	u	m	t	a	r	c	x	z	z	j	s
h	z	o	v	g	v	e	i	i	v	s	z
s	u	n	i	f	n	i	w	c	w	y	c
w	n	g	l	h	c	l	t	o	g	s	u
t	k	j	t	z	b	y	m	s	r	c	v
m	i	a	t	c	a	d	g	d	e	k	y
x	a	y	r	r	a	z	s	v	d	f	s

Circle the words in the puzzle

Festival	Light	Fireworks
Good	Rama	Snacks

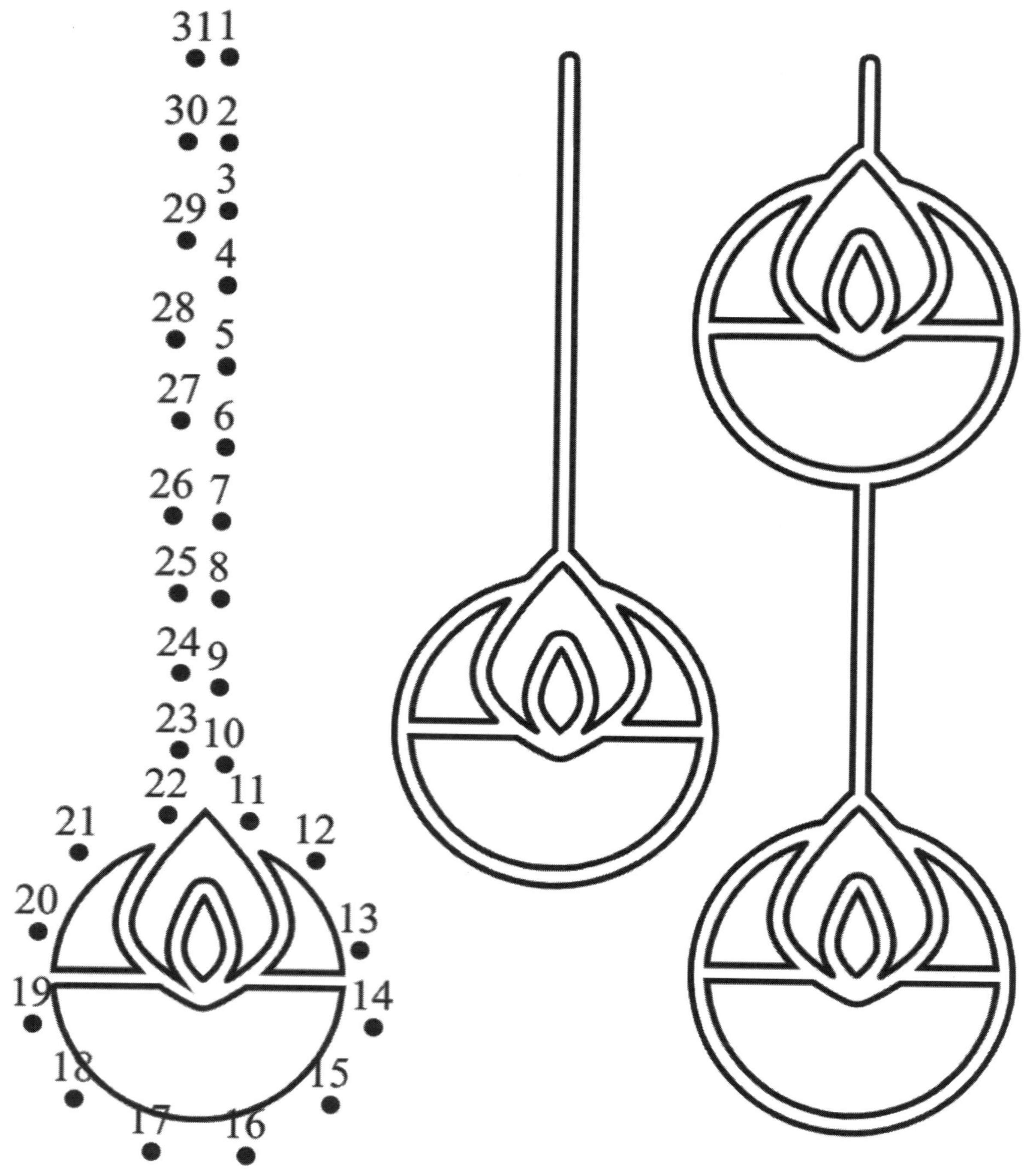

COUNT AND TRACE

1

2

Spot The Differences

Maze

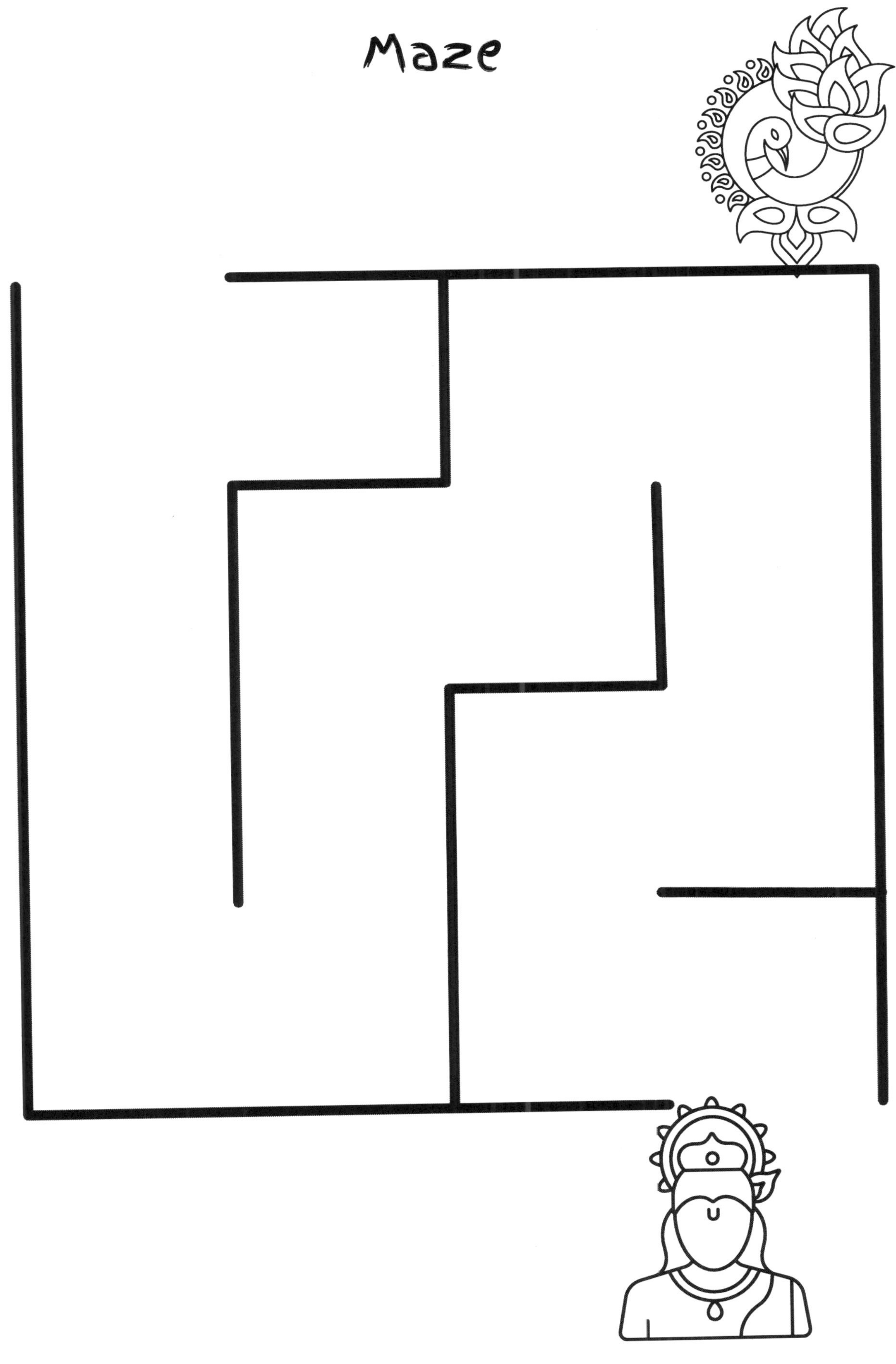

COUNT AND TRACE

g	s	a	b	j	r	m	x	u	v	z	f
k	e	l	d	p	q	z	d	o	u	i	q
l	i	v	e	o	m	o	q	u	j	c	b
k	s	j	g	j	o	x	t	v	y	t	t
d	e	p	v	g	o	i	f	q	a	q	d
d	z	x	o	z	m	h	o	n	k	o	g
r	z	p	z	g	g	w	a	y	q	e	q
g	p	p	i	e	r	v	e	l	a	f	a
l	y	h	f	d	a	i	f	a	e	g	f
o	q	h	h	r	b	p	m	a	l	f	l
x	s	e	k	f	a	x	u	j	i	t	f
j	e	d	c	y	m	m	v	o	c	l	h

Circle the words in the puzzle

Pie	Wealth	Evil
Good	Lamp	Ravana

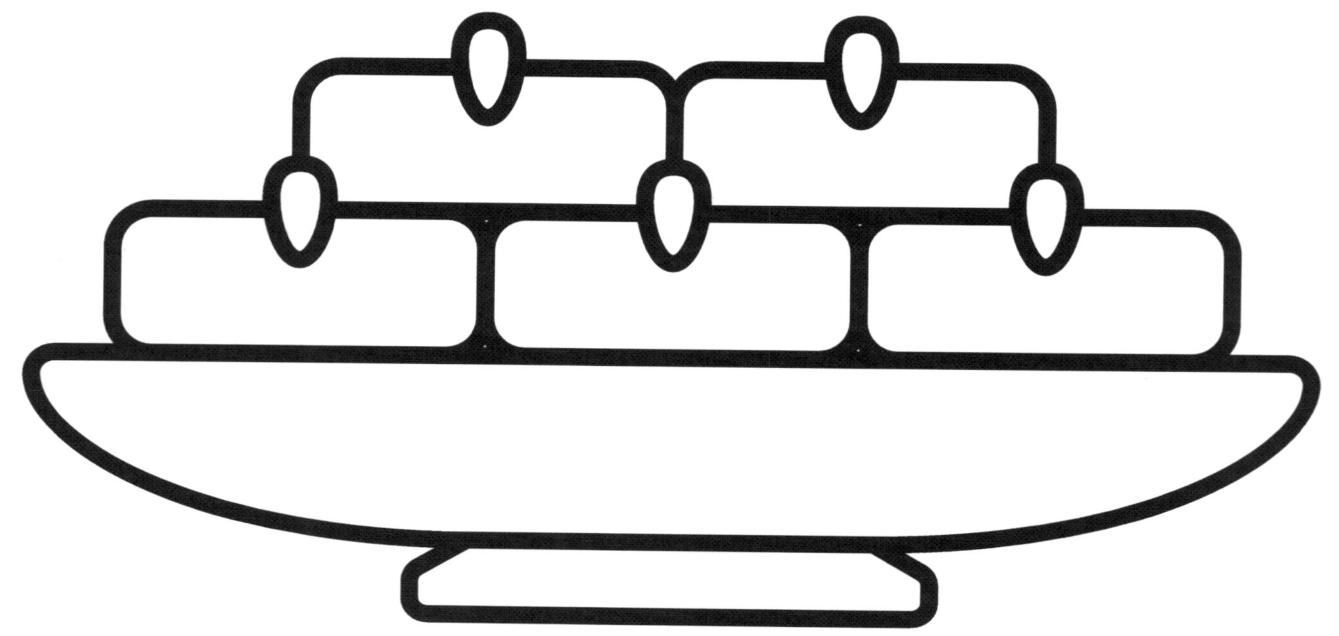

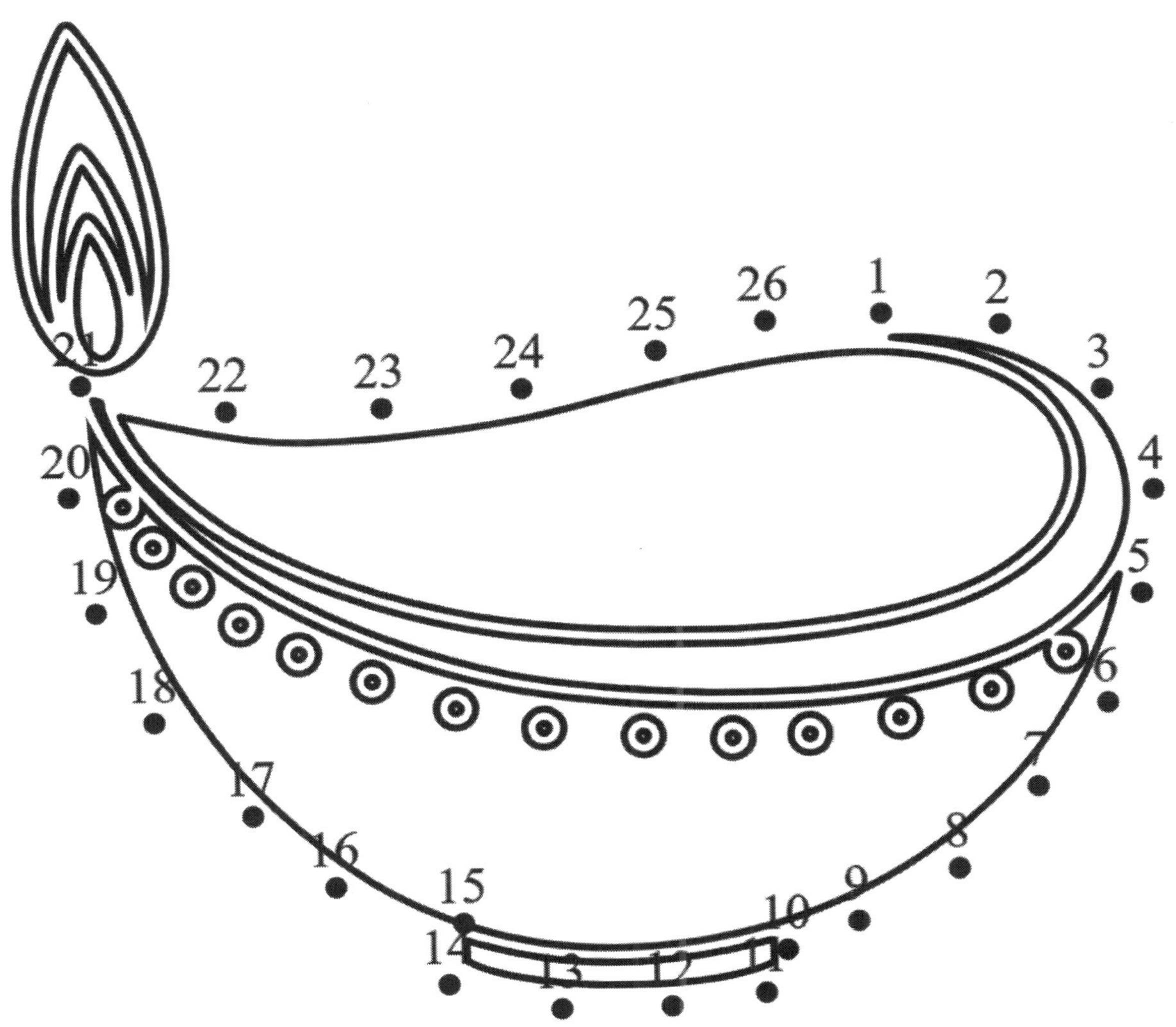
1
2
3
4
5
6
7
8
9
10
11
12
13
14
15
16
17
18
19
20
21
22
23
24
25
26

COUNT AND TRACE

1

2

3

Spot The Differences

Maze

COUNT AND TRACE

13

13 13 13 13 13

13 13 13 13 13

13 13 13 13 13

13 13 13 13 13

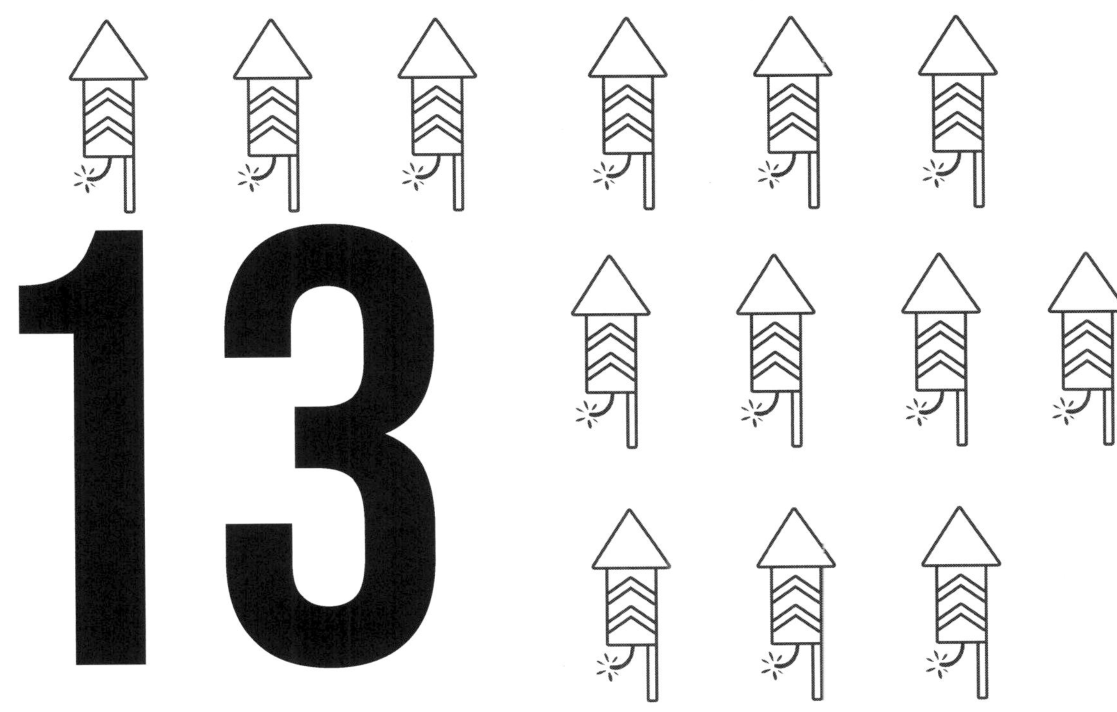

z	f	m	h	b	m	e	c	a	k	l	u
l	w	z	m	a	y	u	j	x	a	h	c
o	r	y	b	a	q	v	t	n	p	h	d
h	m	o	m	j	r	t	k	r	b	x	v
i	u	g	c	c	o	a	i	y	r	p	p
i	h	w	n	t	l	n	d	i	n	m	n
z	f	p	g	i	h	n	l	e	g	i	d
w	a	o	j	t	s	a	k	i	l	b	a
c	m	o	a	v	w	s	r	i	e	s	y
z	t	j	f	i	w	z	e	f	b	k	d
q	r	a	d	c	e	w	h	l	c	i	j
c	f	r	a	n	g	o	l	i	b	k	c

Circle the words in the puzzle

Diwali	blessing	Ram
Rangoli	Lanka	Pooja

COUNT AND TRACE

Spot The Differences

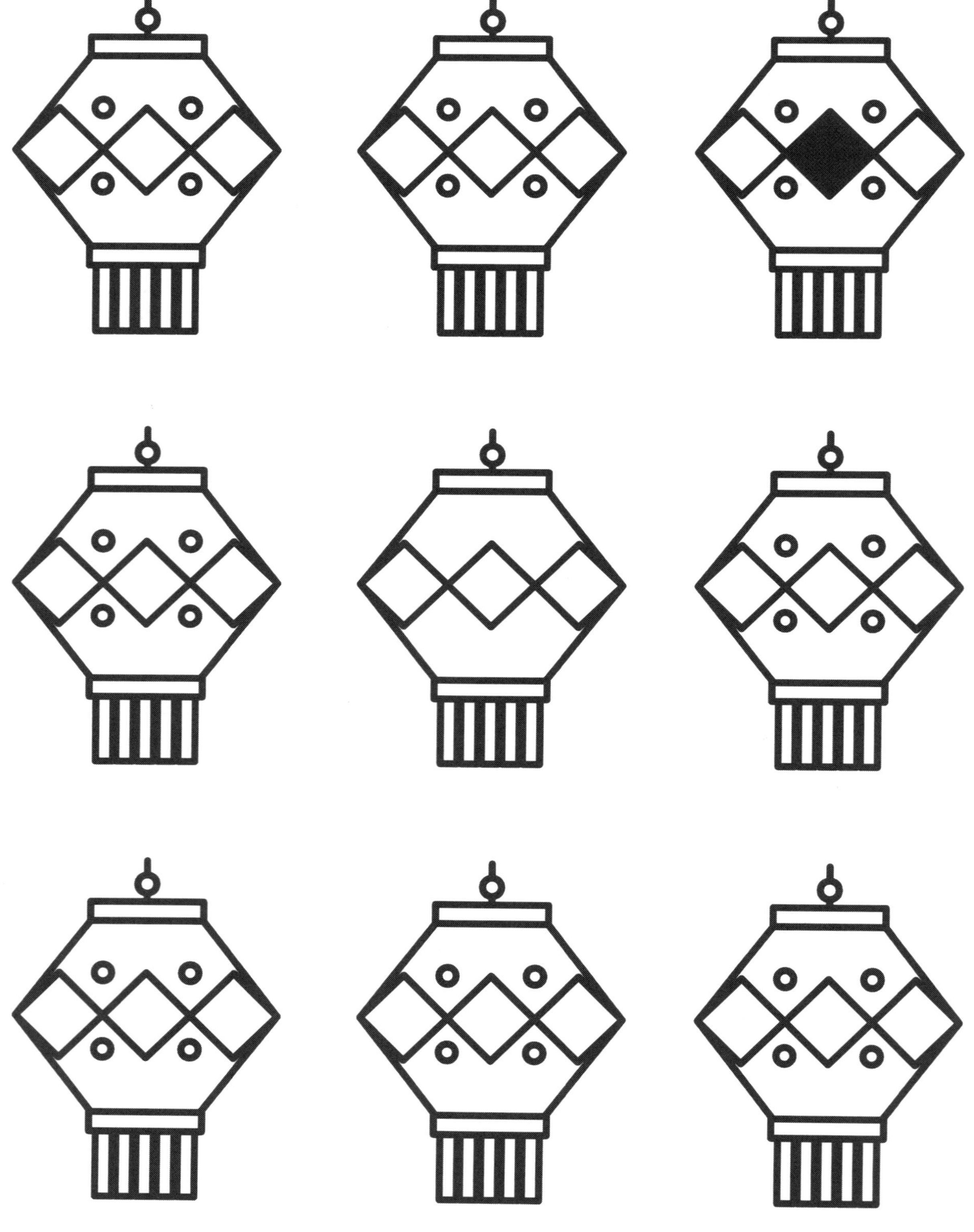

Maze

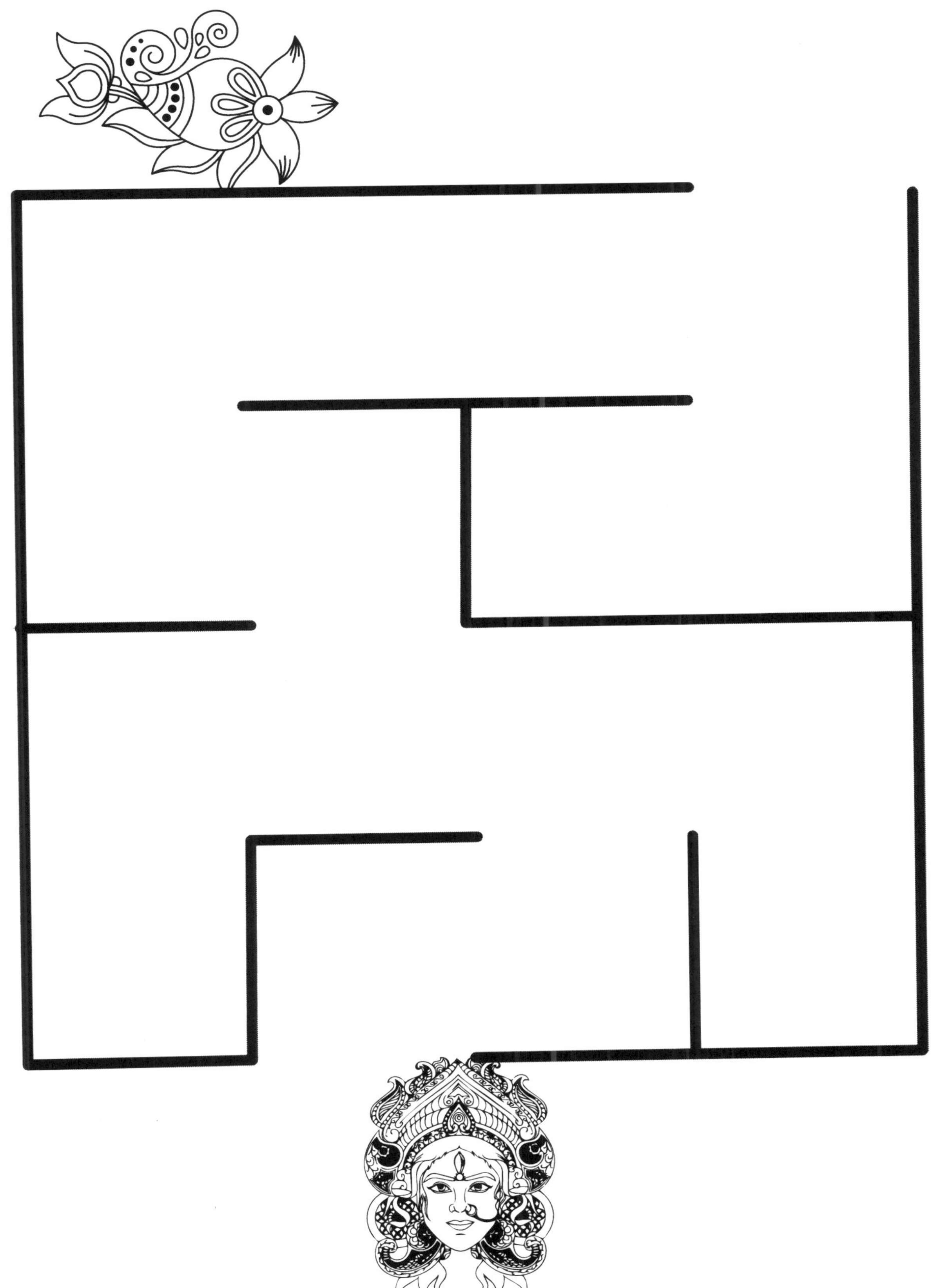

COUNT AND TRACE

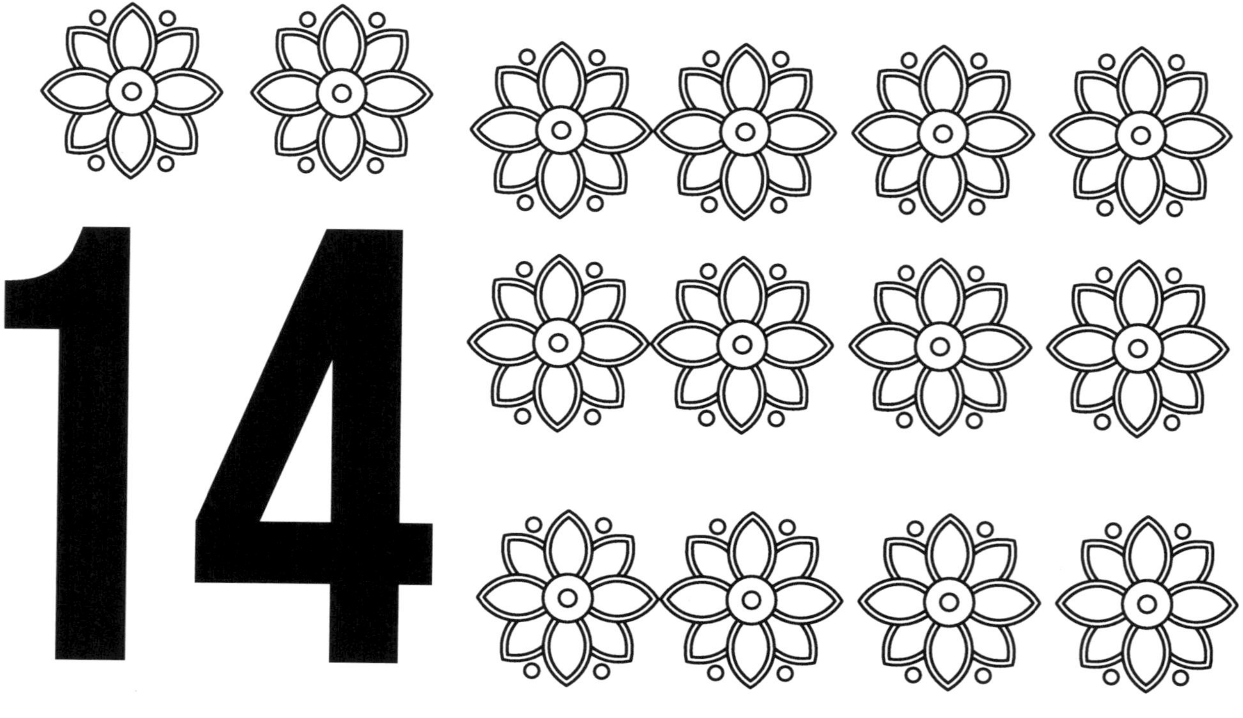

14

14 14 14 14 14

14 14 14 14 14

14 14 14 14 14

14 14 14 14 14

l	d	p	i	c	p	f	d	b	w	m	k
h	i	w	g	l	d	t	a	a	p	q	i
c	p	t	h	r	j	o	t	u	s	p	r
g	h	a	n	u	m	a	n	d	h	f	u
o	a	q	h	z	i	g	w	a	g	f	p
m	i	s	l	f	n	l	q	y	x	q	y
d	u	h	f	i	u	u	a	p	j	v	n
k	z	k	k	f	u	m	c	k	q	p	t
r	l	l	y	c	b	w	m	c	o	f	d
g	i	f	l	u	i	z	k	r	m	w	s
g	f	l	q	r	b	j	y	m	a	l	n
b	b	r	o	t	h	e	r	l	s	r	j

Circle the words in the puzzle

Kush	Kali	Hanuman
Puri	Brother	King

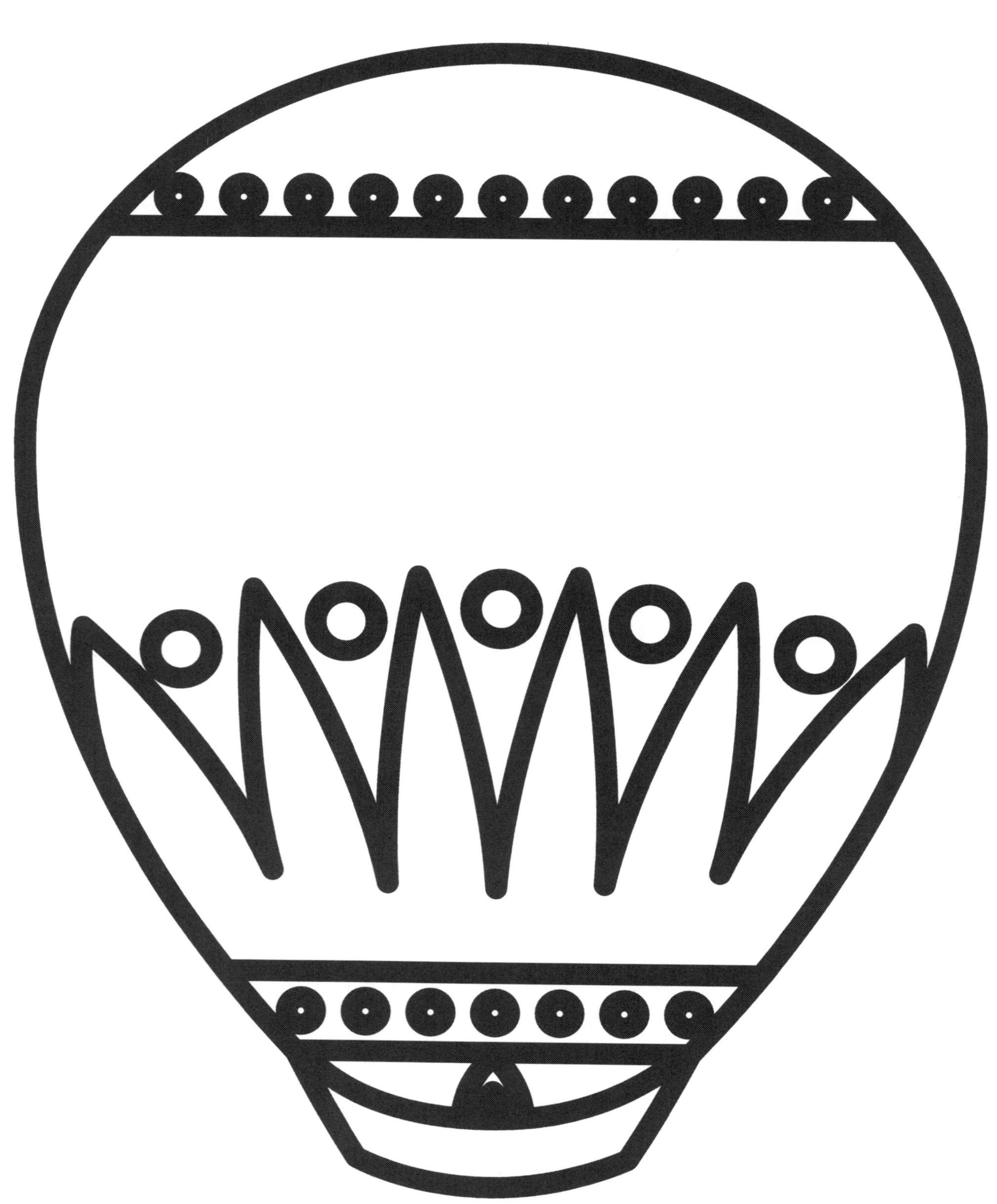

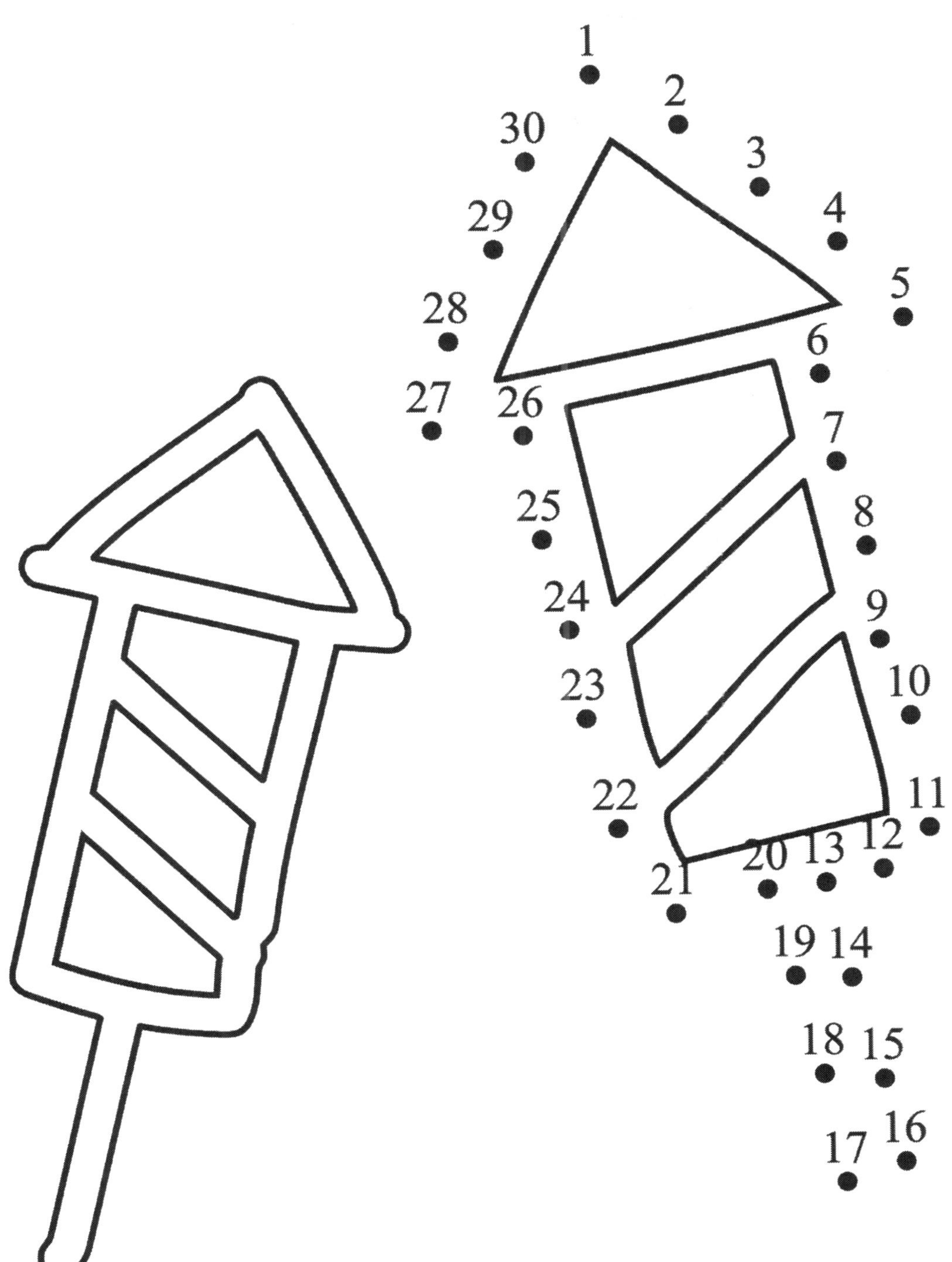
1
2
3
4
5
6
7
8
9
10
11
12
13
14
15
16
17
18
19
20
21
22
23
24
25
26
27
28
29
30

COUNT AND TRACE

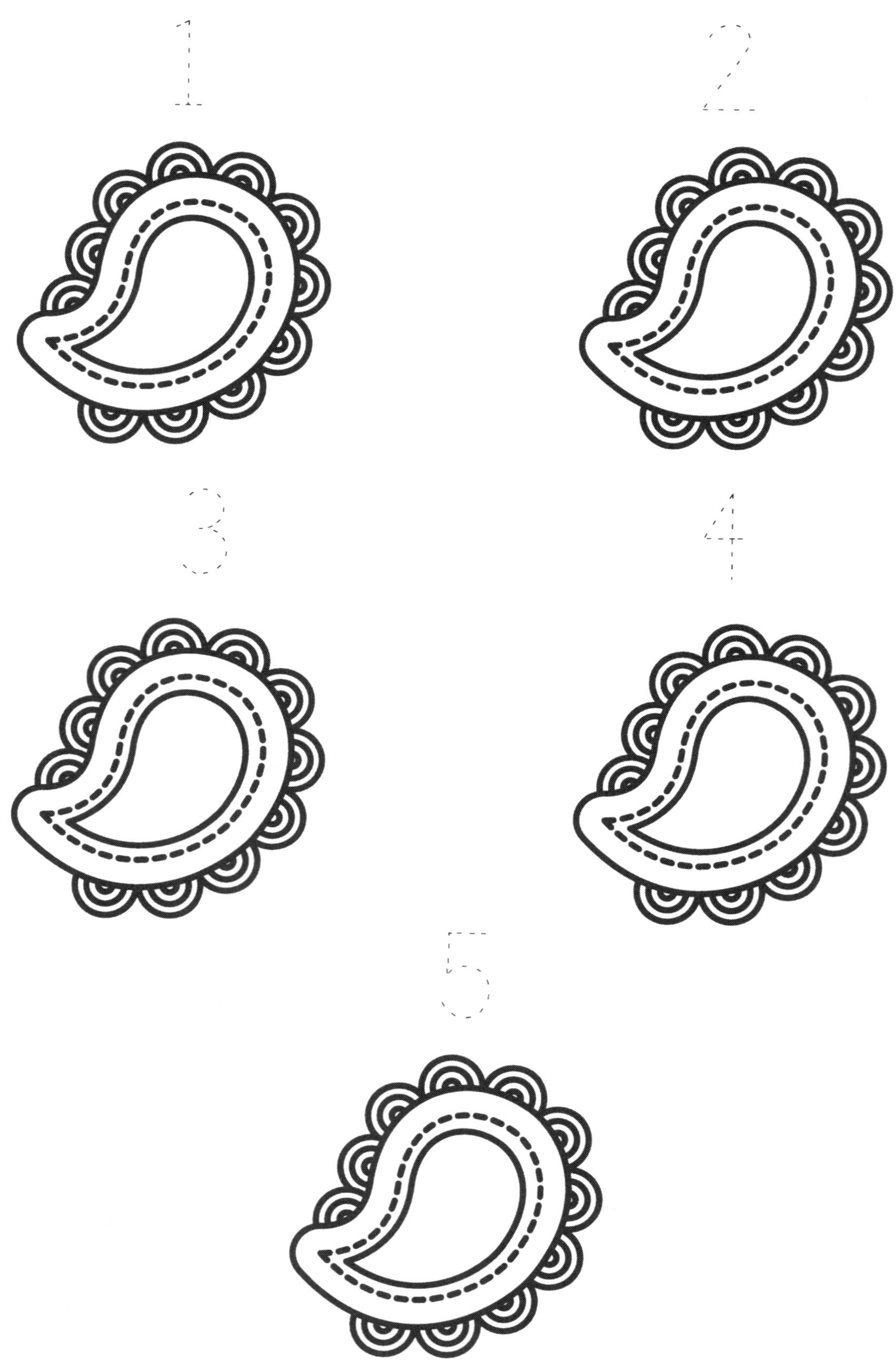

Spot The Differences

Maze

COUNT AND TRACE

r	p	f	g	i	b	d	i	q	c	j	d
f	s	n	v	g	h	w	i	r	a	x	q
b	t	t	a	h	i	r	v	v	g	d	h
c	n	g	q	v	b	a	a	y	a	n	p
i	e	z	h	l	t	o	r	w	u	p	x
q	s	e	h	k	m	y	e	i	k	q	b
t	e	m	h	t	a	z	t	s	x	b	t
x	r	d	i	l	c	x	r	r	u	r	p
f	p	t	n	e	t	a	f	j	a	g	i
l	o	y	d	h	e	z	j	o	o	p	j
q	k	o	u	b	z	j	a	r	i	v	b
n	w	y	d	a	y	v	z	f	m	d	o

Circle the words in the puzzle

Diva	Presents	Party
Hindu	Bears	Food

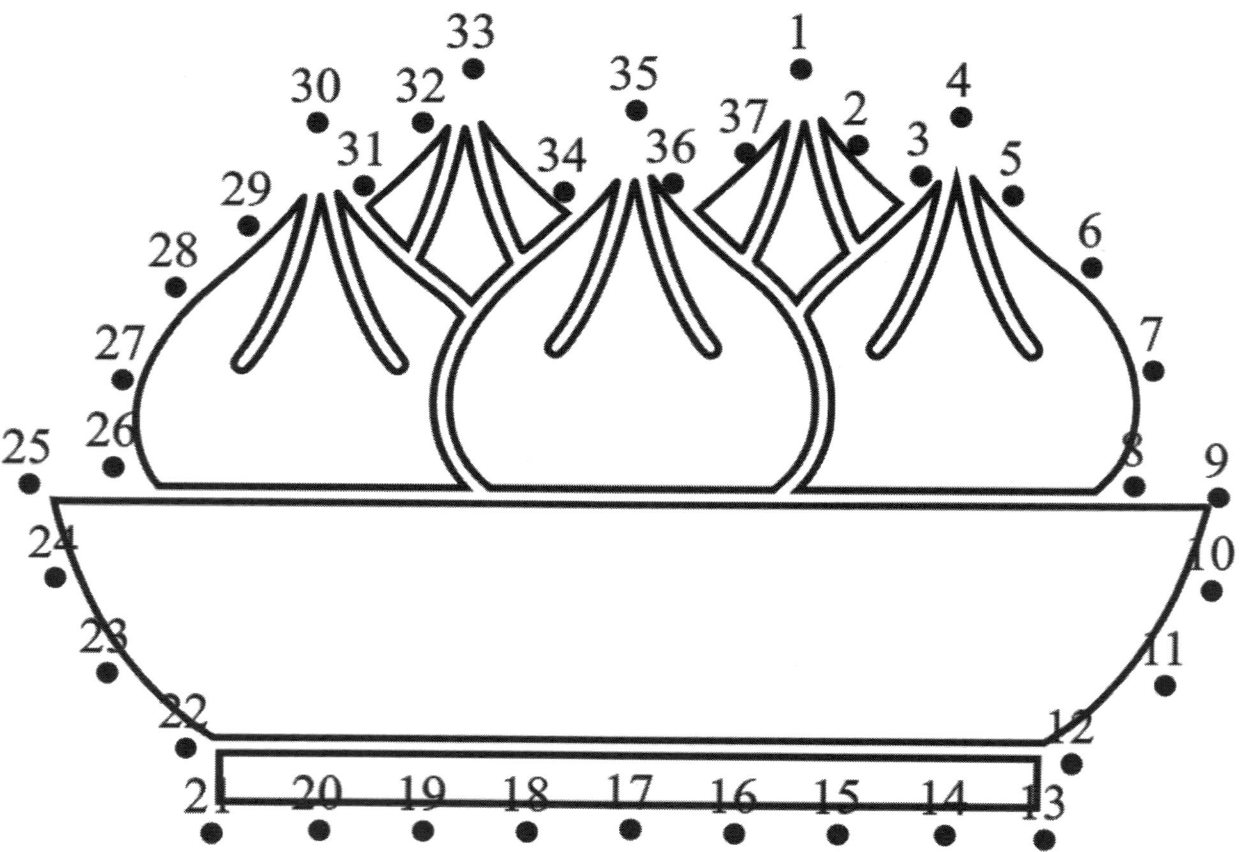
1
2
3
4
5
6
7
8
9
10
11
12
13
14
15
16
17
18
19
20
21
22
23
24
25
26
27
28
29
30
31
32
33
34
35
36
37

COUNT AND TRACE

Spot The Differences

Maze

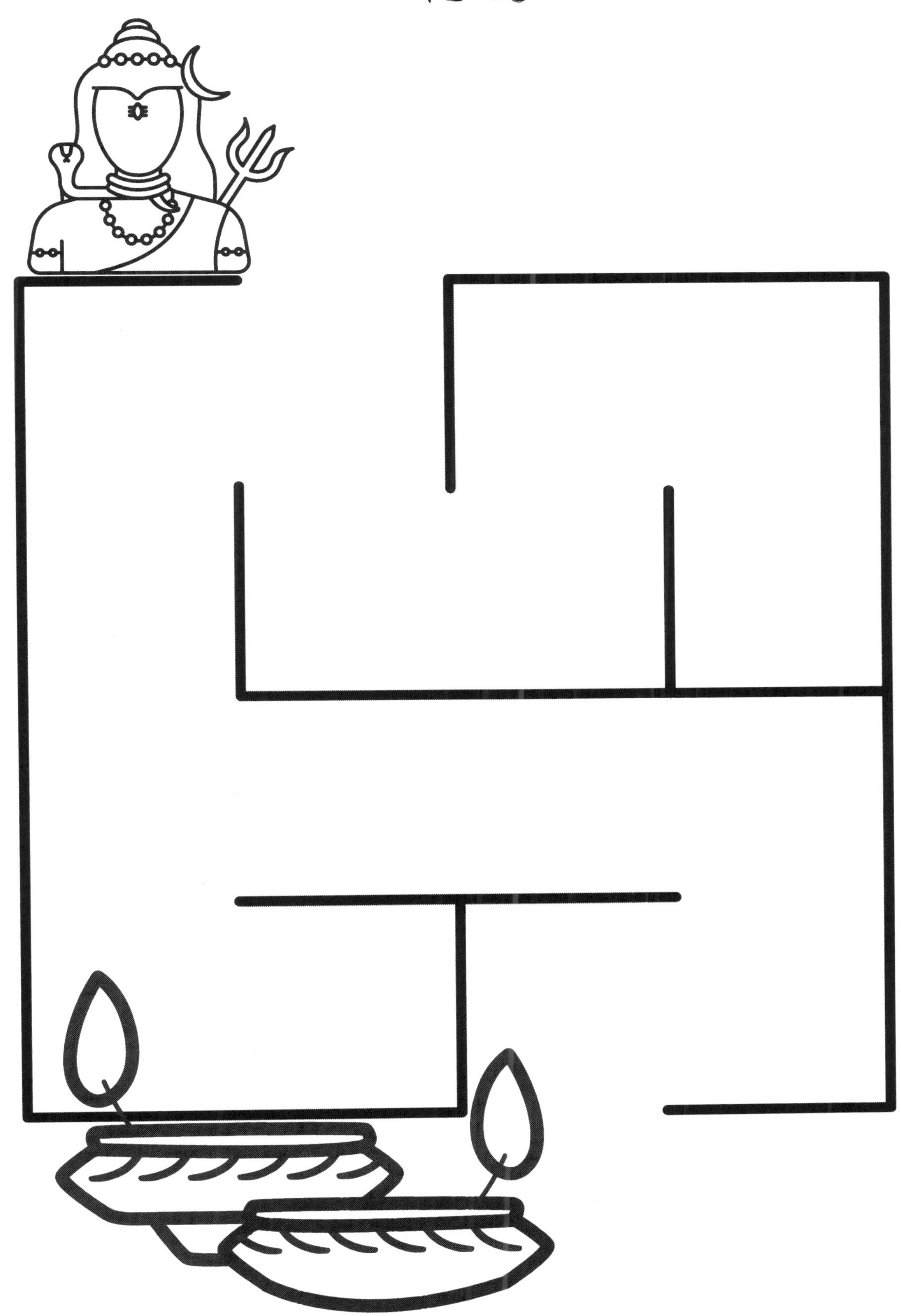

COUNT AND TRACE

i	j	y	l	j	q	l	t	s	f	l	o
j	p	v	r	a	h	l	o	n	n	j	v
j	f	i	i	l	n	t	p	c	o	t	z
x	u	c	s	k	e	t	n	q	y	n	n
q	a	s	a	j	s	w	e	g	r	a	r
u	i	s	m	f	n	v	e	r	r	h	r
k	s	f	e	n	r	n	p	j	n	p	j
o	u	t	v	h	e	r	d	w	d	e	g
k	g	d	z	s	t	r	l	n	c	l	p
c	d	v	k	a	t	o	k	p	w	e	y
y	y	q	t	u	a	v	l	y	k	k	p
p	m	a	a	r	p	s	h	c	l	r	a

Circle the words in the puzzle

Lantern	Patterns	Clothes
Jewelry	Elephant	Maar

1
2
3
4
5
6
7
8
9
10
11
12

COUNT AND TRACE

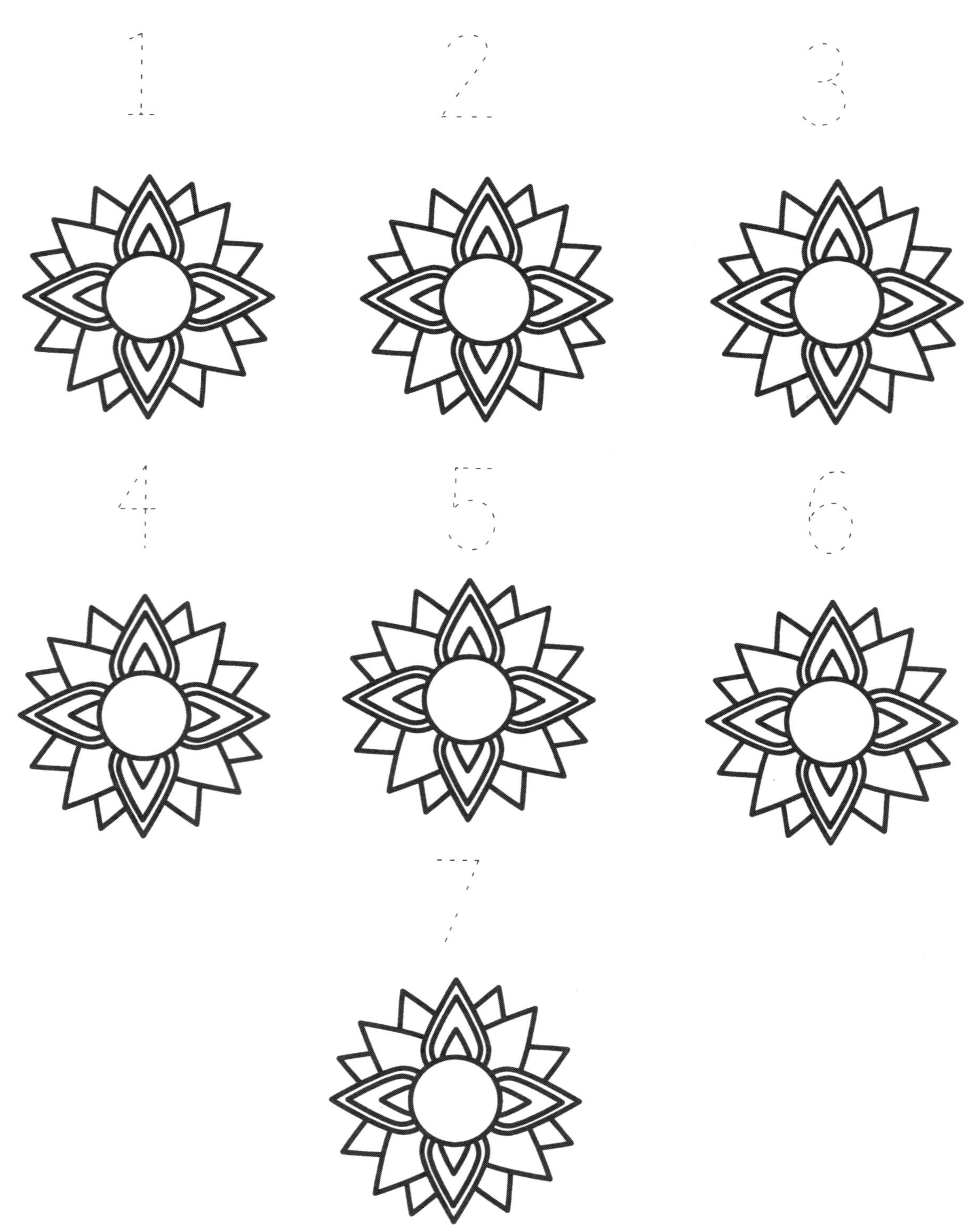

Spot The Differences

Maze

COUNT AND TRACE

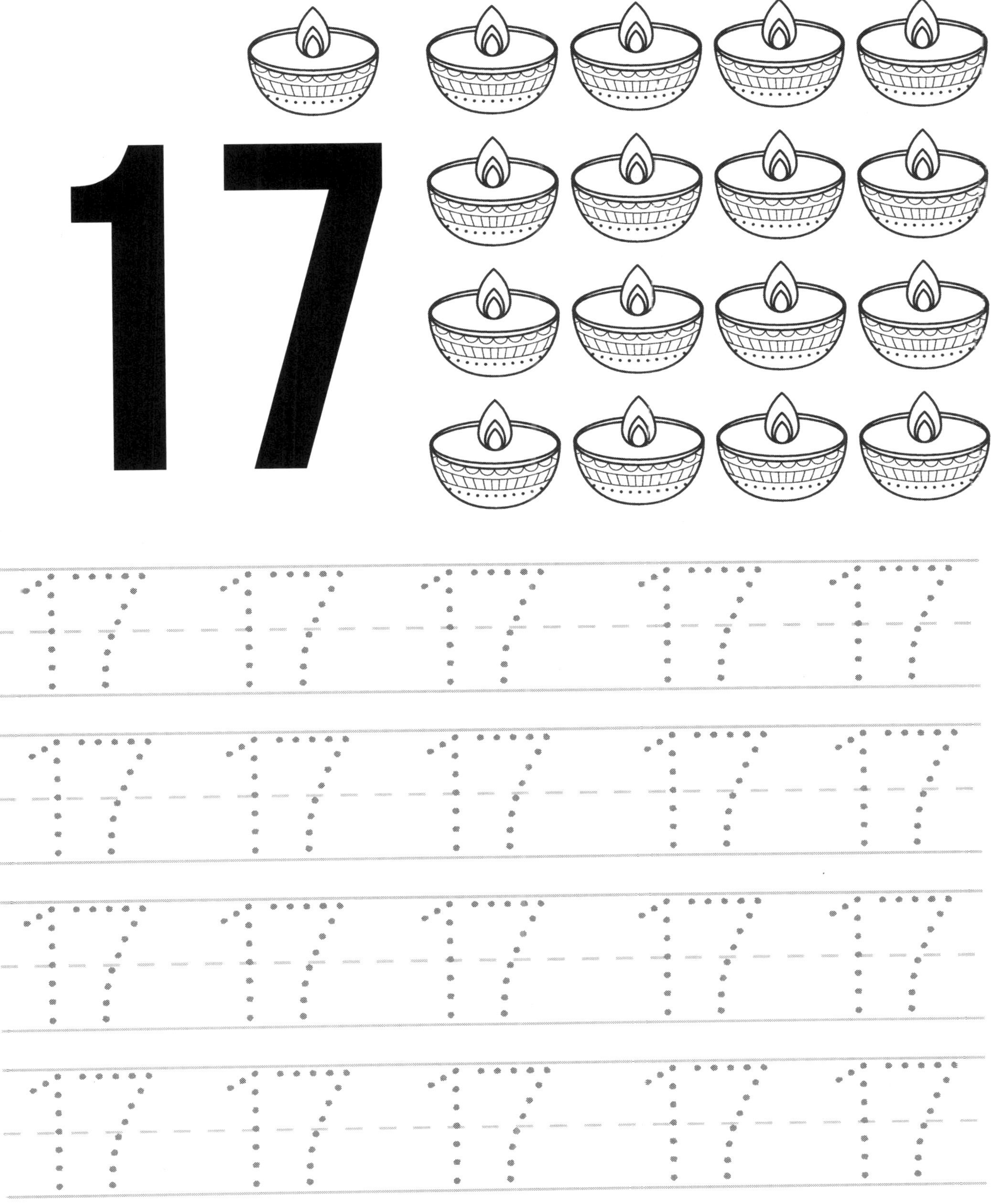

i	a	p	a	u	e	x	d	t	y	j	e
g	z	r	f	y	t	j	c	l	q	e	t
o	e	k	j	c	r	i	i	n	m	r	y
p	w	b	a	u	j	m	v	j	u	s	j
t	t	n	h	c	a	i	a	e	b	w	u
v	d	w	e	f	m	l	h	s	i	z	f
y	v	i	t	y	o	a	g	f	x	x	q
a	k	f	q	u	l	c	n	a	i	o	r
s	f	j	k	g	e	j	v	o	m	v	i
t	c	a	n	d	l	e	r	g	o	c	e
i	p	a	r	a	d	e	c	q	n	x	t
r	z	n	m	t	t	q	c	m	e	w	l

Circle the words in the puzzle

Asti	candy	Five
Candle	Family	Parade

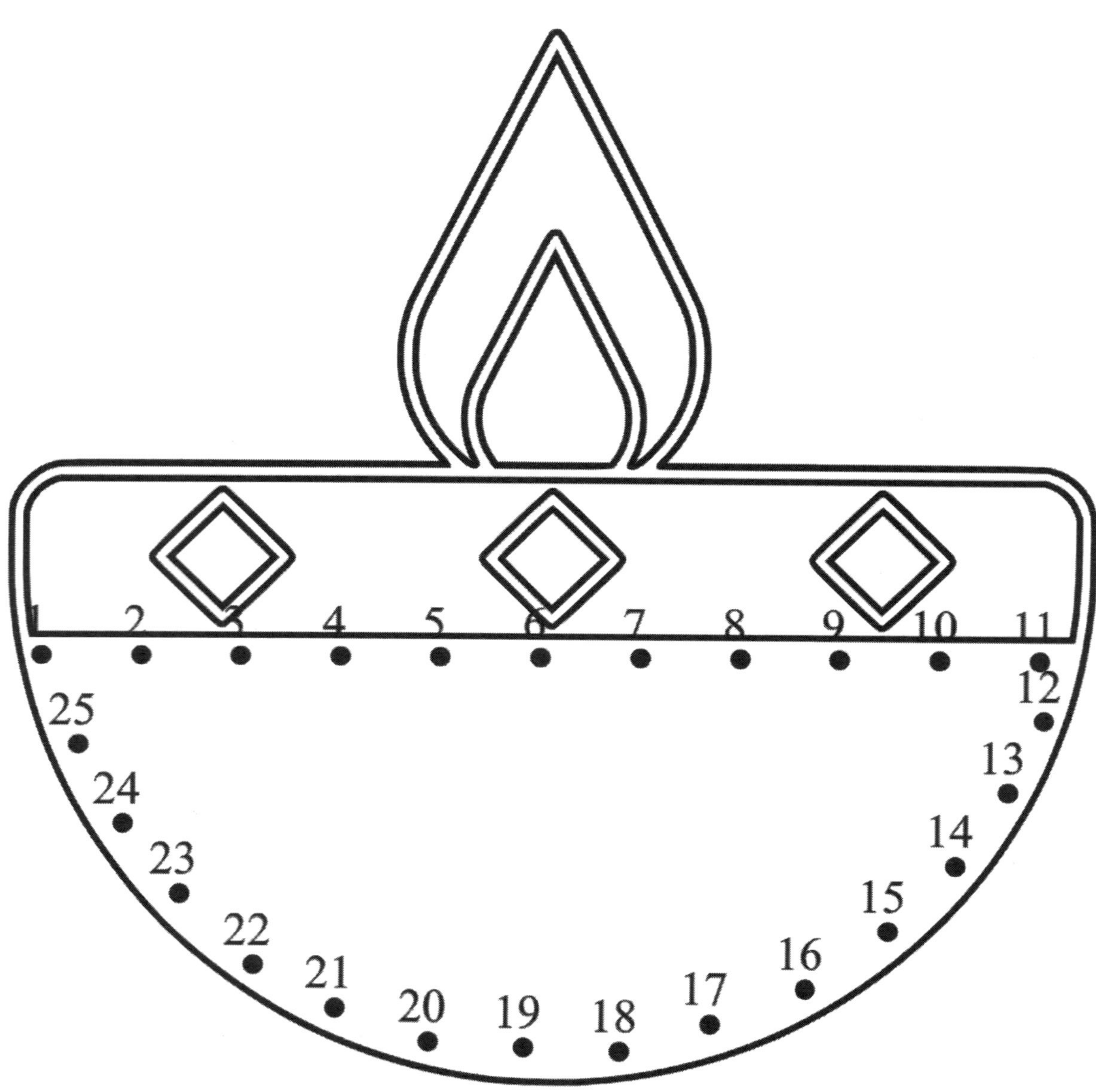
1
2
3
4
5
6
7
8
9
10
11
12
13
14
15
16
17
18
19
20
21
22
23
24
25

COUNT AND TRACE

Spot The Differences

Maze

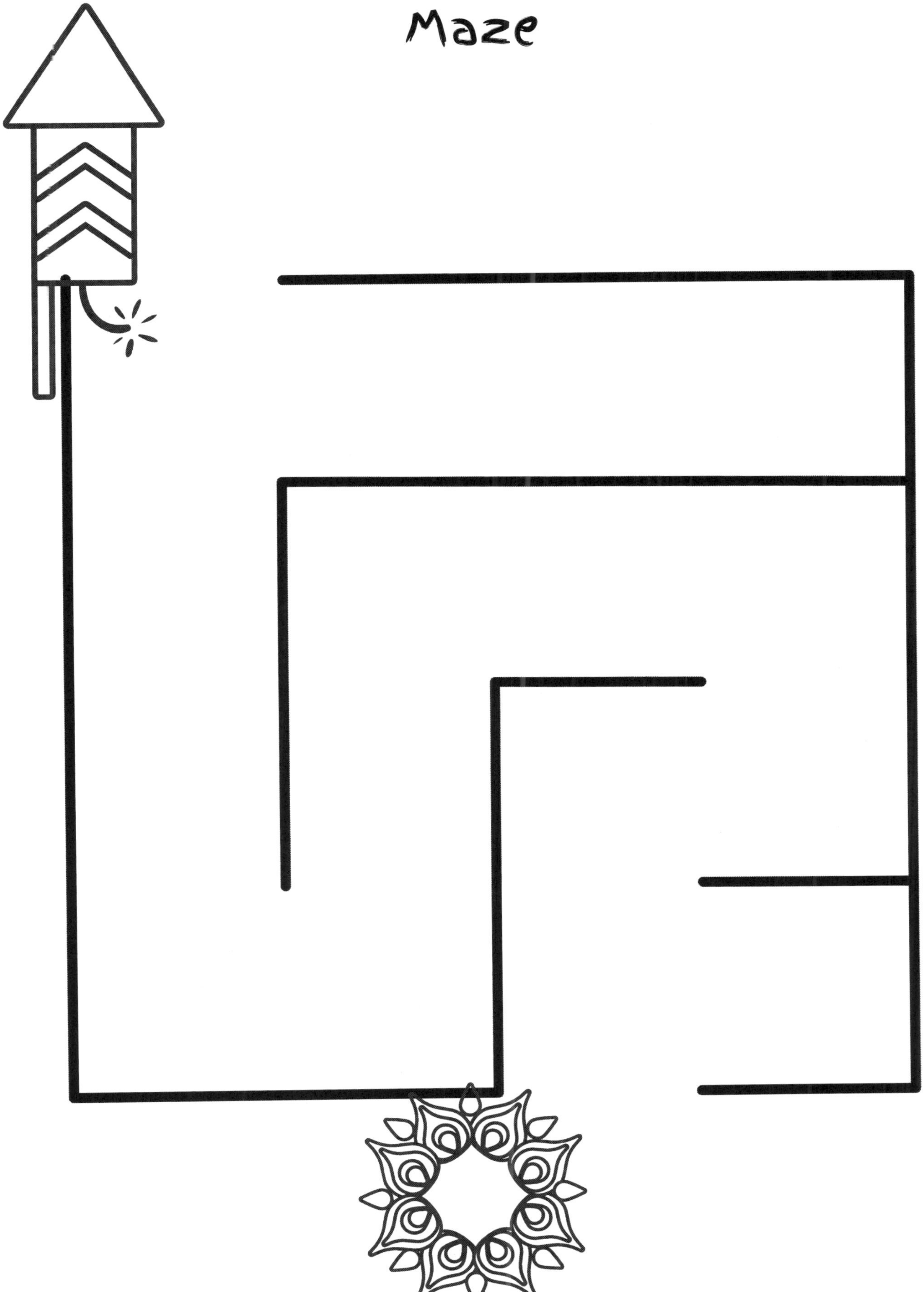

COUNT AND TRACE

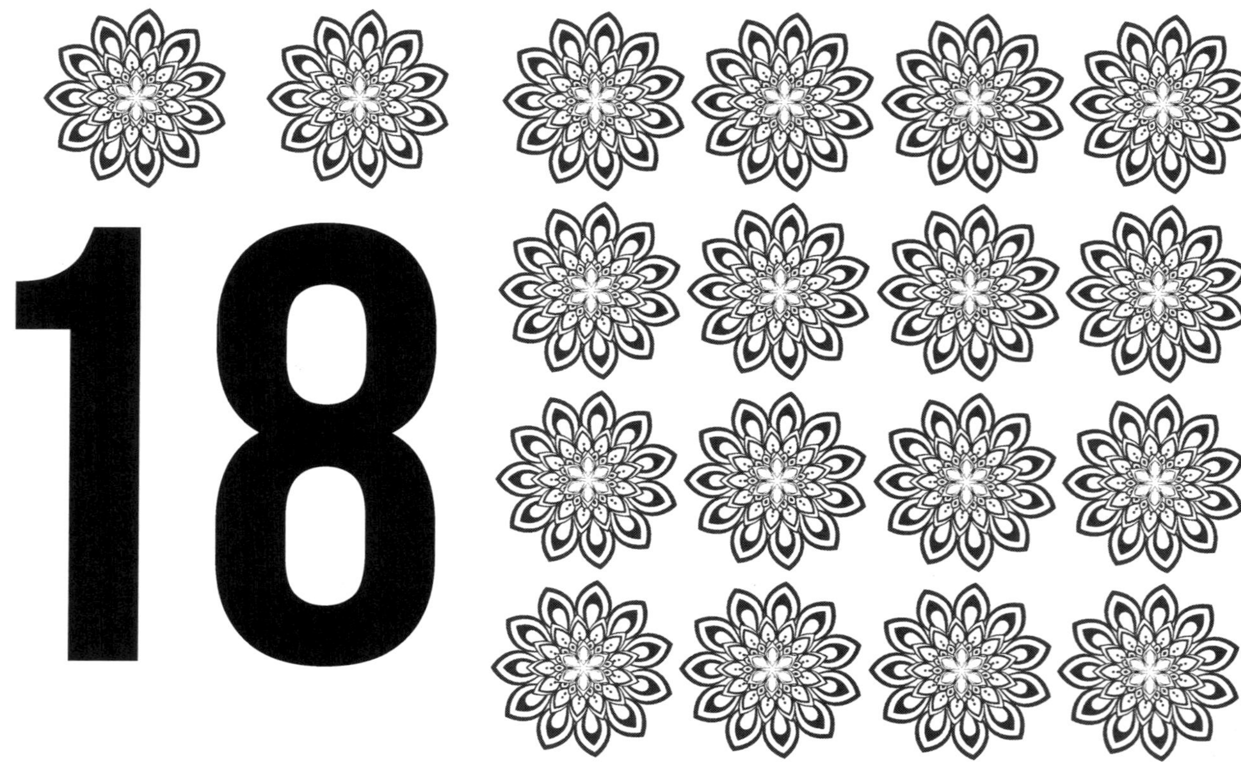

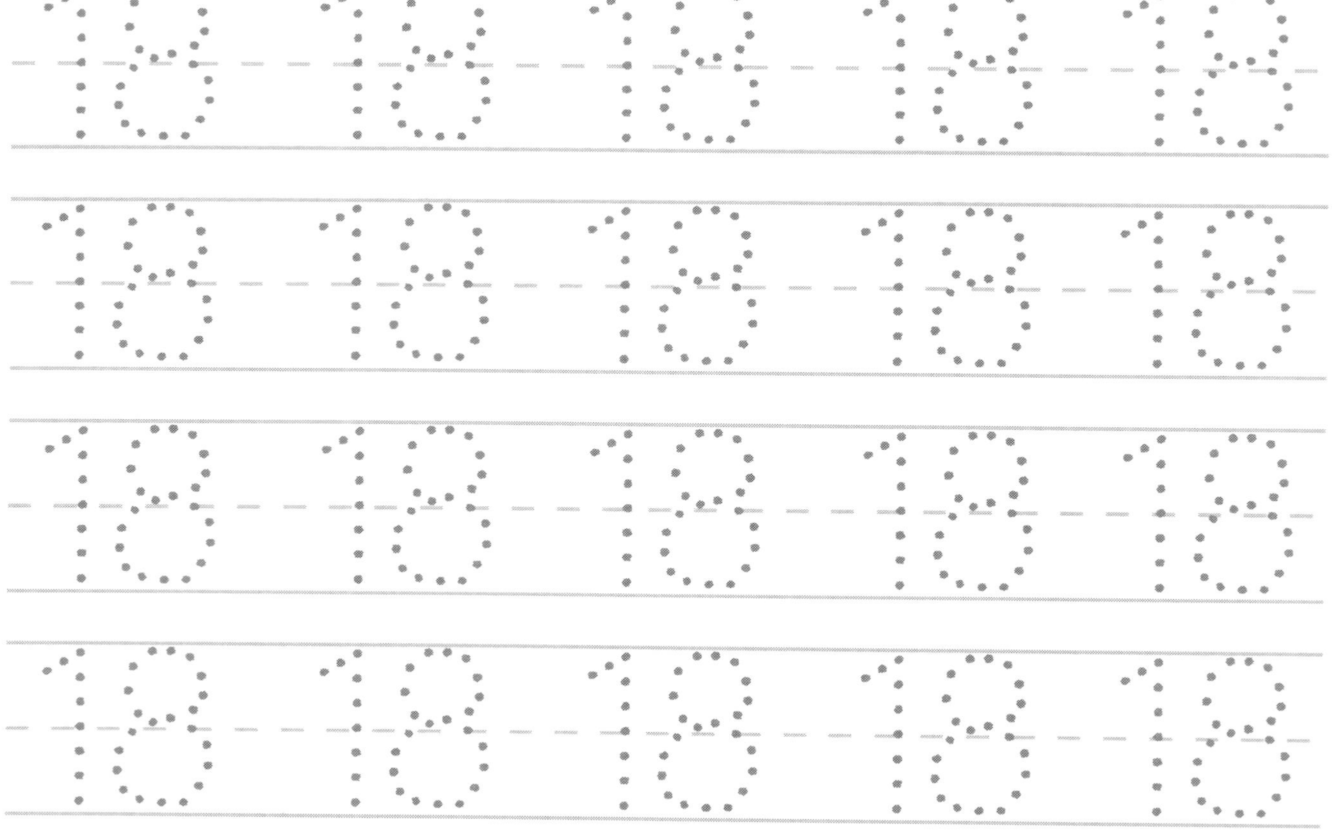

i	x	l	f	h	i	q	p	r	y	e	j
s	r	e	k	c	a	r	c	w	c	r	e
t	r	h	l	u	y	v	w	n	c	t	p
q	f	g	m	p	e	j	i	h	r	w	q
a	x	n	c	d	m	r	o	y	q	v	k
r	j	r	w	x	p	e	w	x	u	x	j
r	n	d	y	d	h	a	t	q	i	n	s
o	n	y	h	a	p	p	y	w	a	q	b
w	r	w	v	d	m	a	g	o	o	d	o
a	x	e	m	v	n	k	s	w	k	c	r
q	s	j	u	w	s	s	o	c	h	y	d
c	s	a	e	z	a	u	r	f	z	j	r

Circle the words in the puzzle

Prince Crackers Good
Arrow Temple Good
Happy

1
2
3
4
5
6
7
8
9
10
11
12
13
14
15
16

COUNT AND TRACE

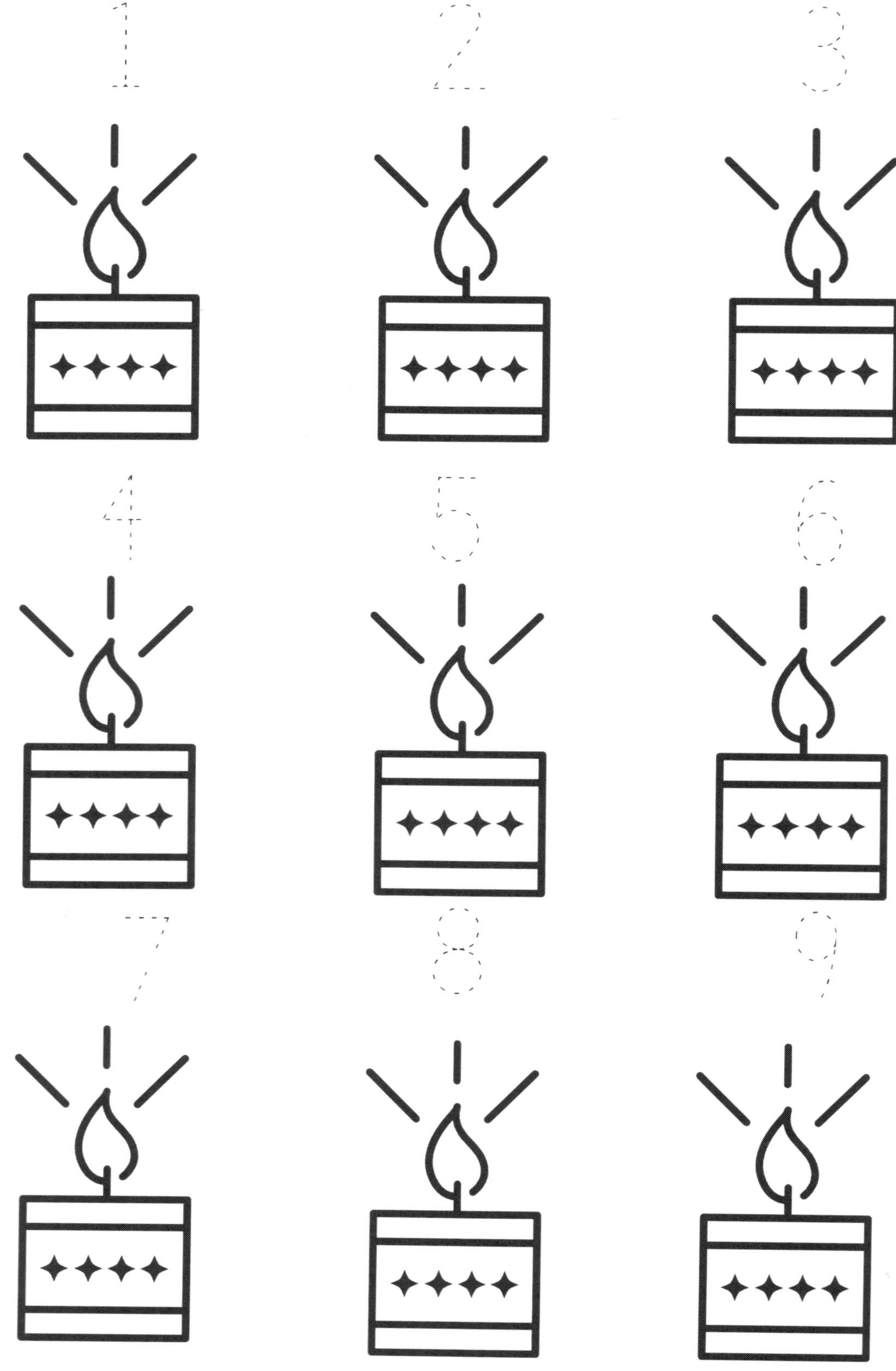

Spot The Differences

Maze

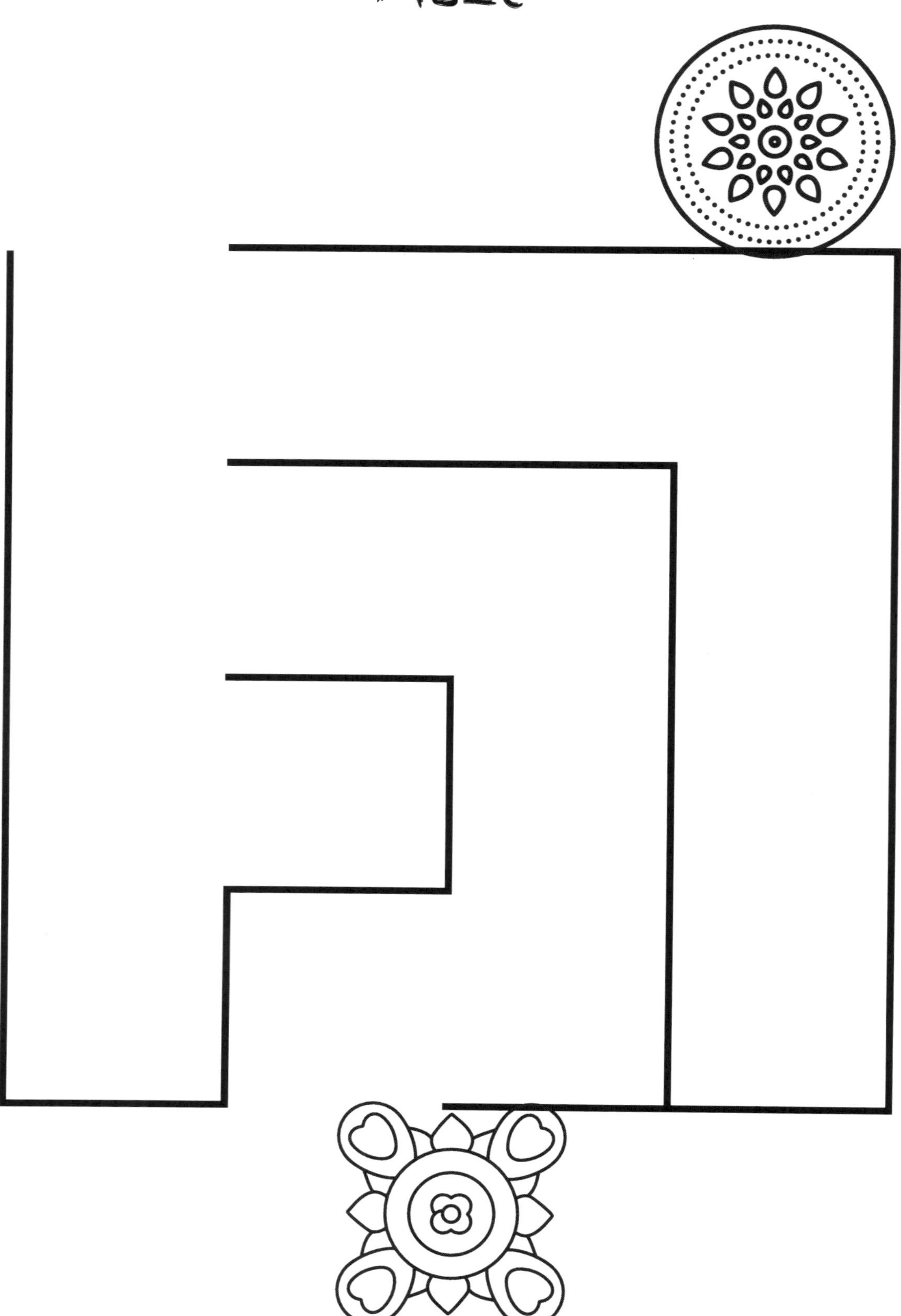

COUNT AND TRACE

r	j	m	t	b	u	f	w	c	g	c	c
o	m	d	f	n	i	a	w	b	o	e	p
o	g	t	b	n	d	i	g	f	l	r	p
d	l	r	v	f	l	t	k	e	y	s	a
h	k	a	o	h	r	y	b	m	d	x	u
o	z	p	u	w	f	r	e	g	t	q	h
d	n	k	j	g	a	o	n	x	y	d	w
m	l	e	q	t	h	g	e	k	d	g	m
d	r	n	e	h	b	x	i	e	h	y	k
g	z	j	n	y	v	q	l	v	o	u	e
r	w	o	w	m	i	t	d	k	e	k	c
v	h	y	k	i	s	l	a	n	d	z	h

Circle the words in the puzzle

Laugh	Give	Island
Enjoy	Grow	Celebrate

1
12
2
11
3
10
4
9
5
8
7
6

COUNT AND TRACE

Spot The Differences

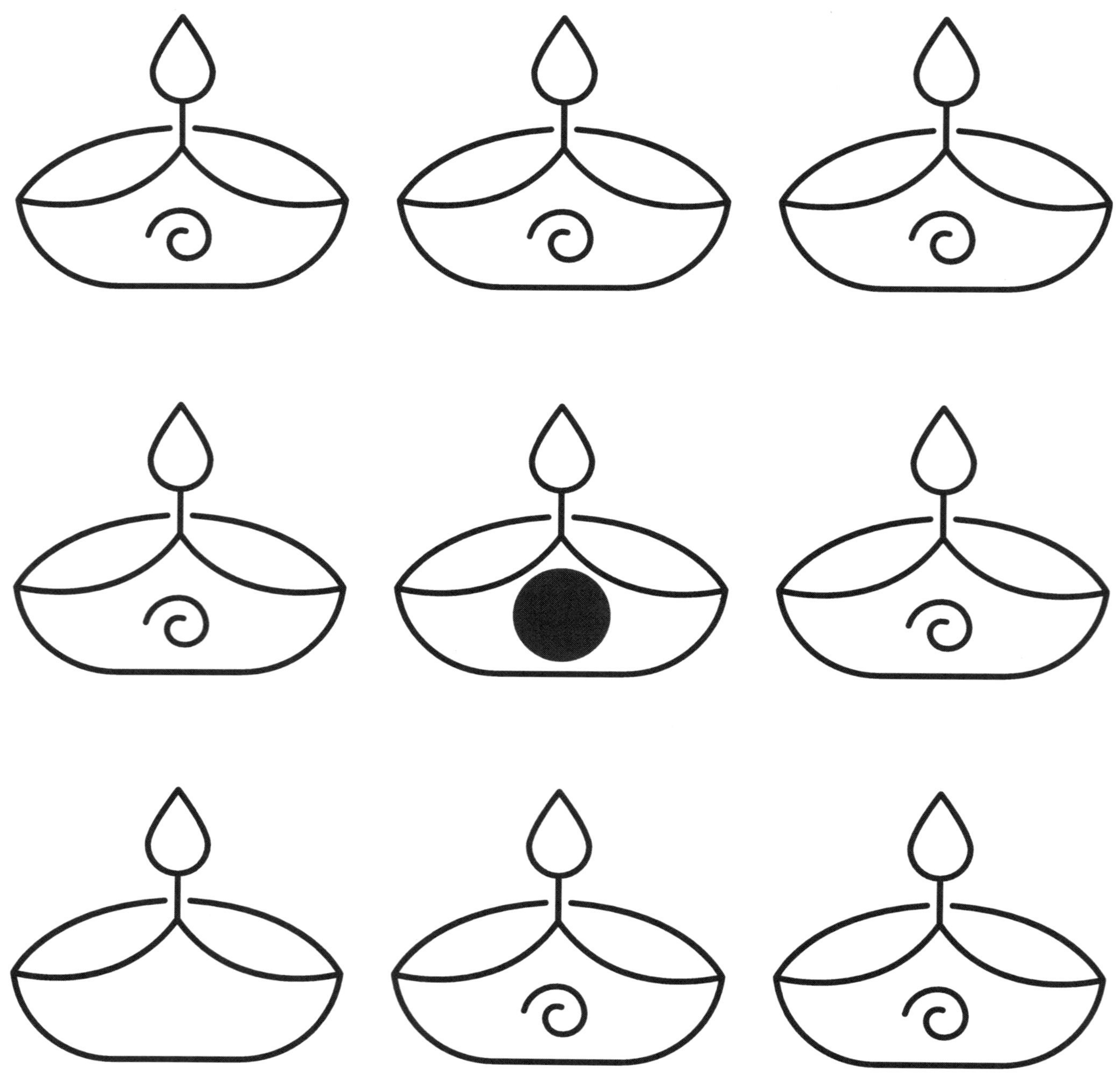

Maze

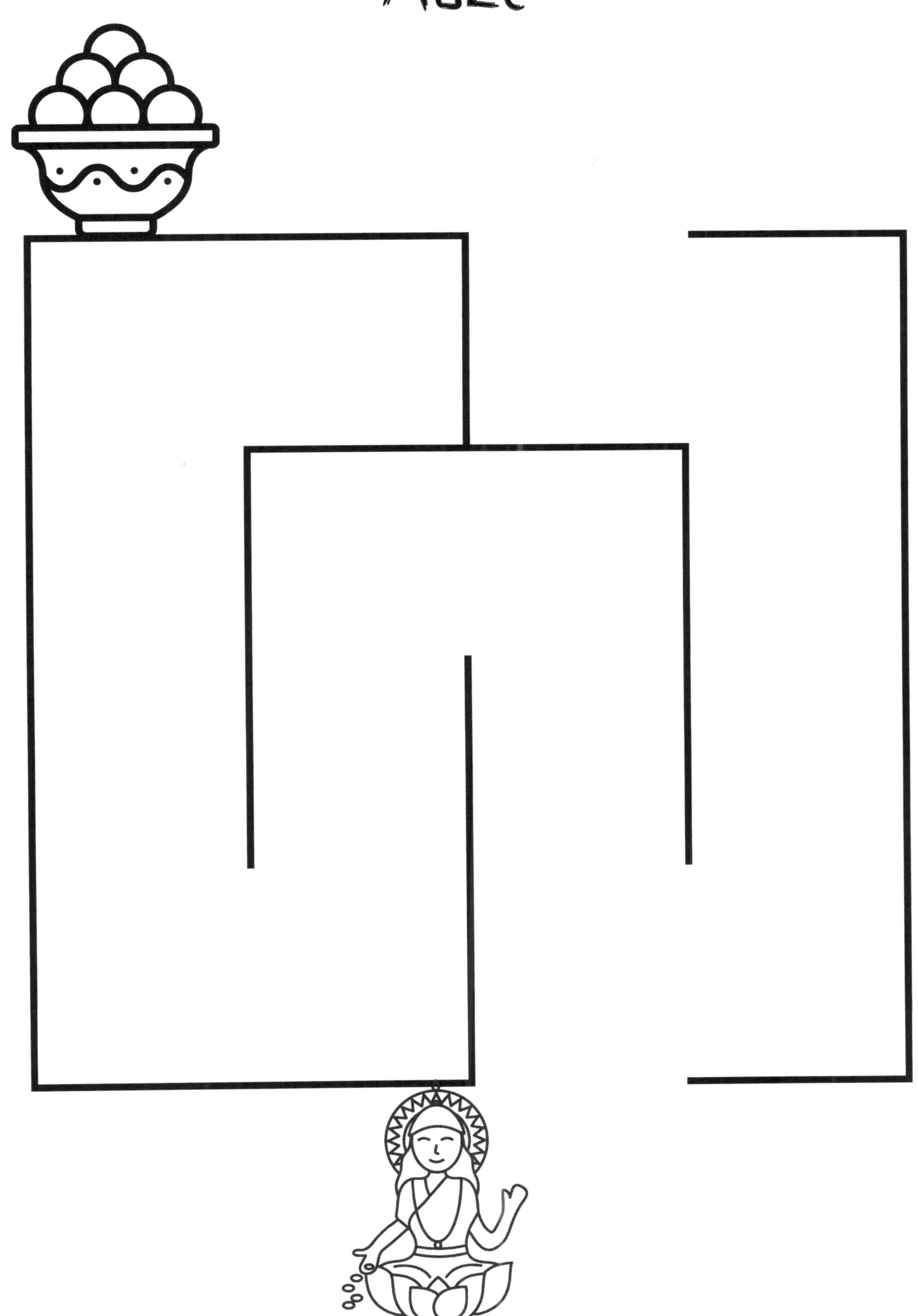

COUNT AND TRACE

s	c	h	a	e	h	i	l	o	e	i	m
g	e	n	s	r	d	o	y	h	z	b	x
h	a	l	l	i	y	z	l	a	j	x	h
l	o	n	g	f	e	y	k	i	a	j	n
a	n	m	j	n	l	p	w	k	d	i	g
z	n	x	e	o	a	b	v	b	i	a	j
a	d	p	o	b	e	b	i	o	n	h	y
a	v	j	f	i	n	o	s	v	y	x	i
h	g	h	a	z	w	m	i	t	e	u	r
r	f	s	m	i	l	e	t	e	b	l	f
m	x	p	z	x	i	r	o	j	t	y	s
v	h	s	c	a	a	i	r	u	k	k	y

Circle the words in the puzzle

Holiday	Visitor	Bonfire
Home	Smile	Bangles

Maze

Maze

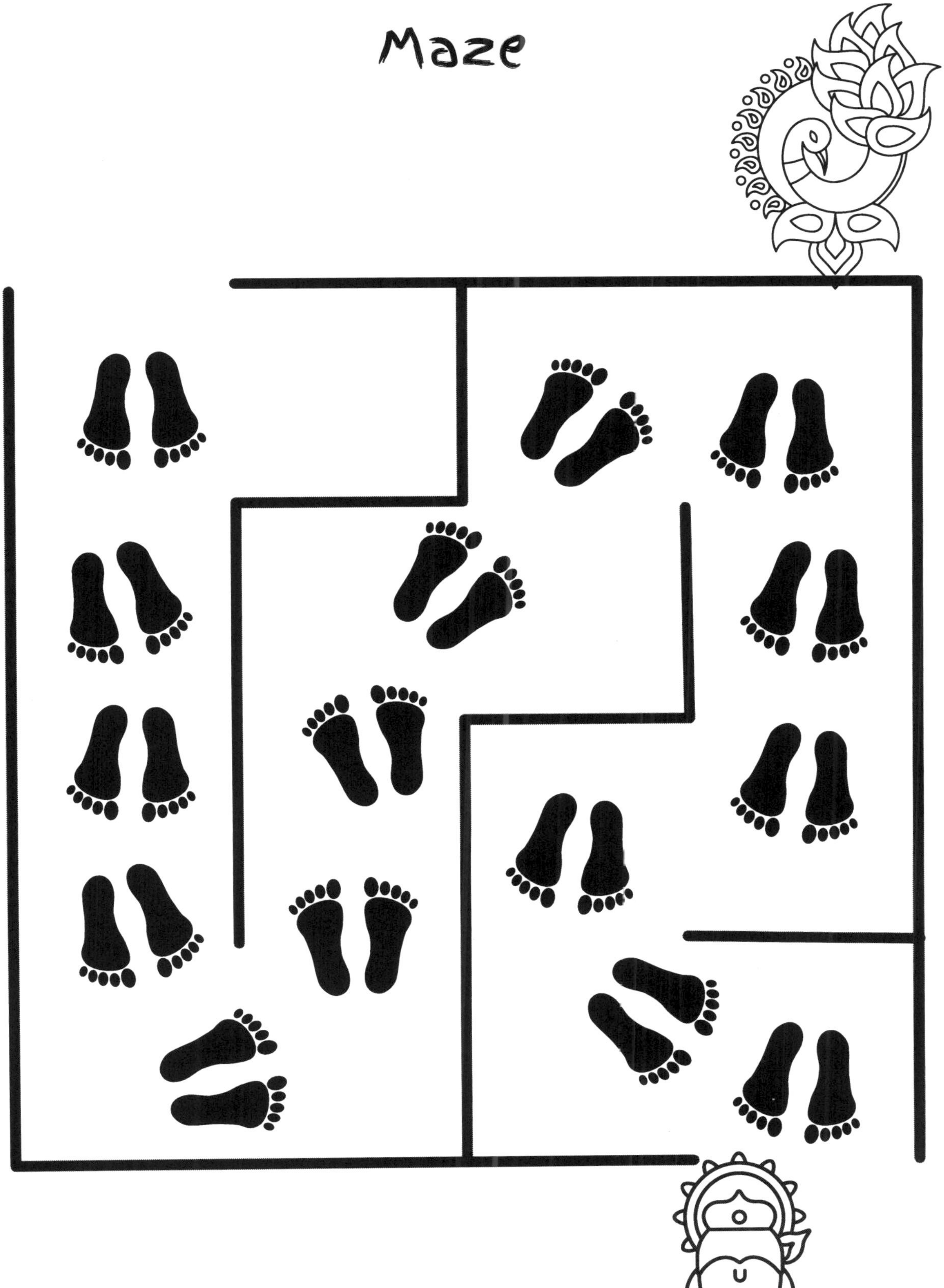

Maze

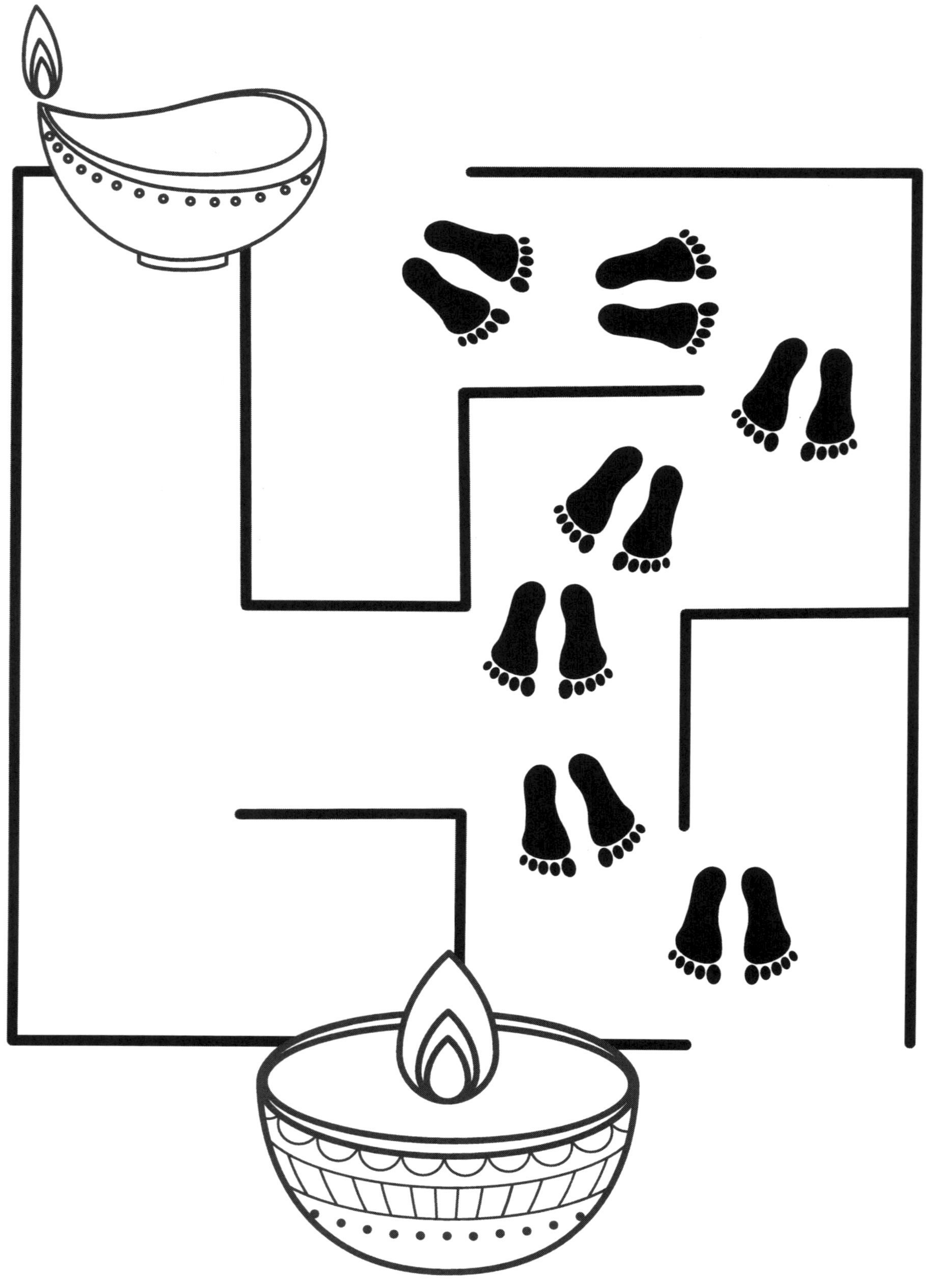

Maze

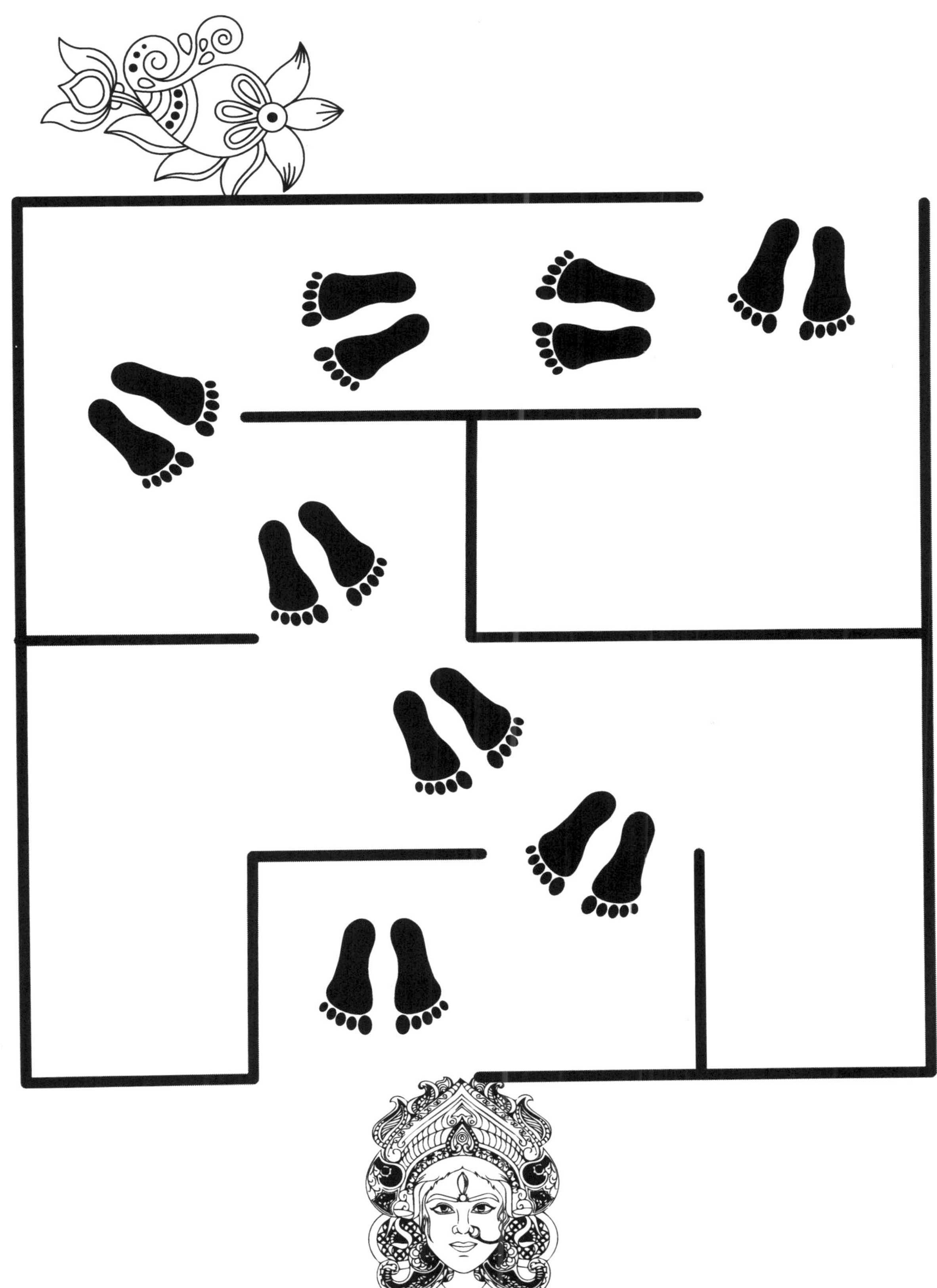

Maze

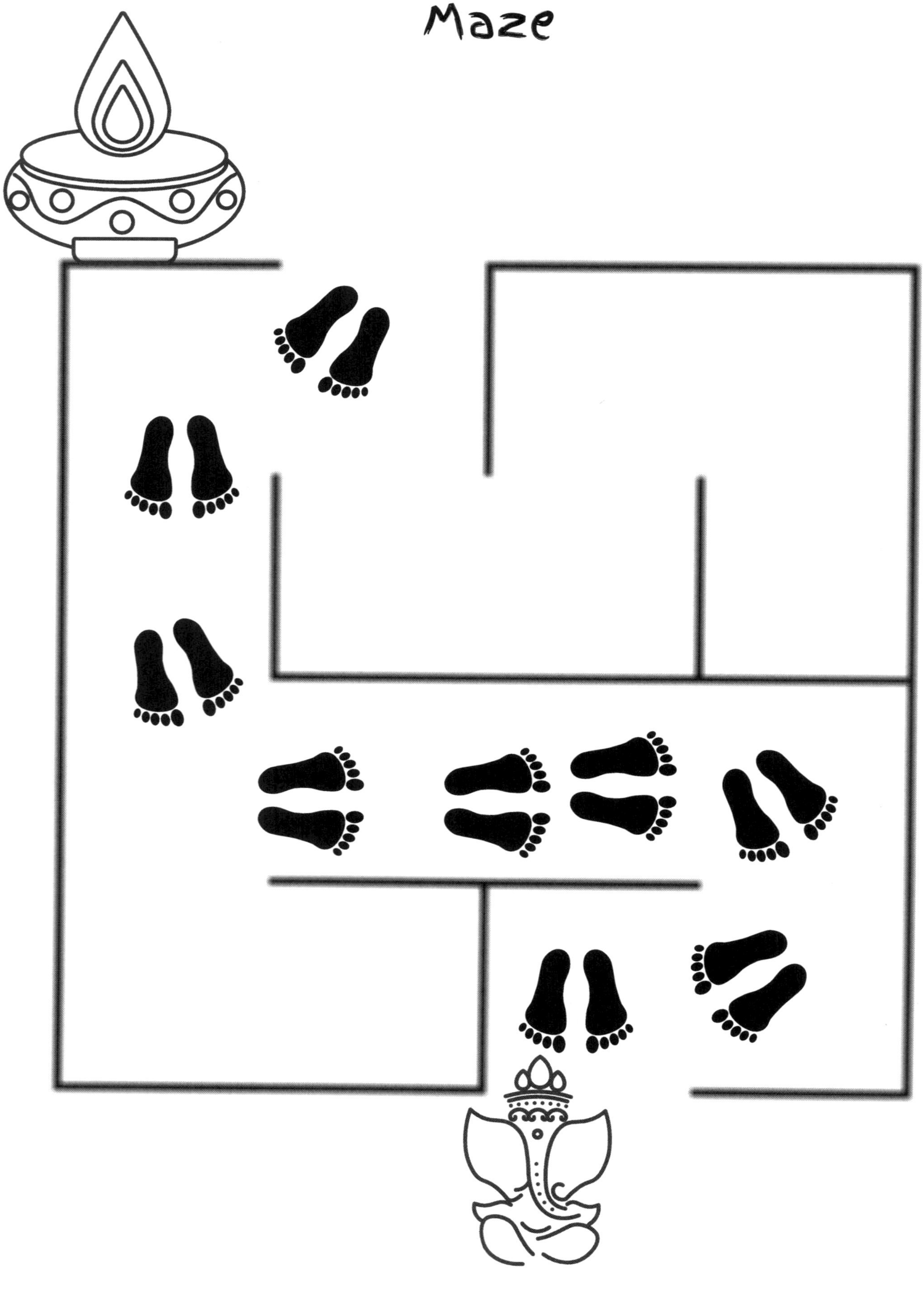

Maze

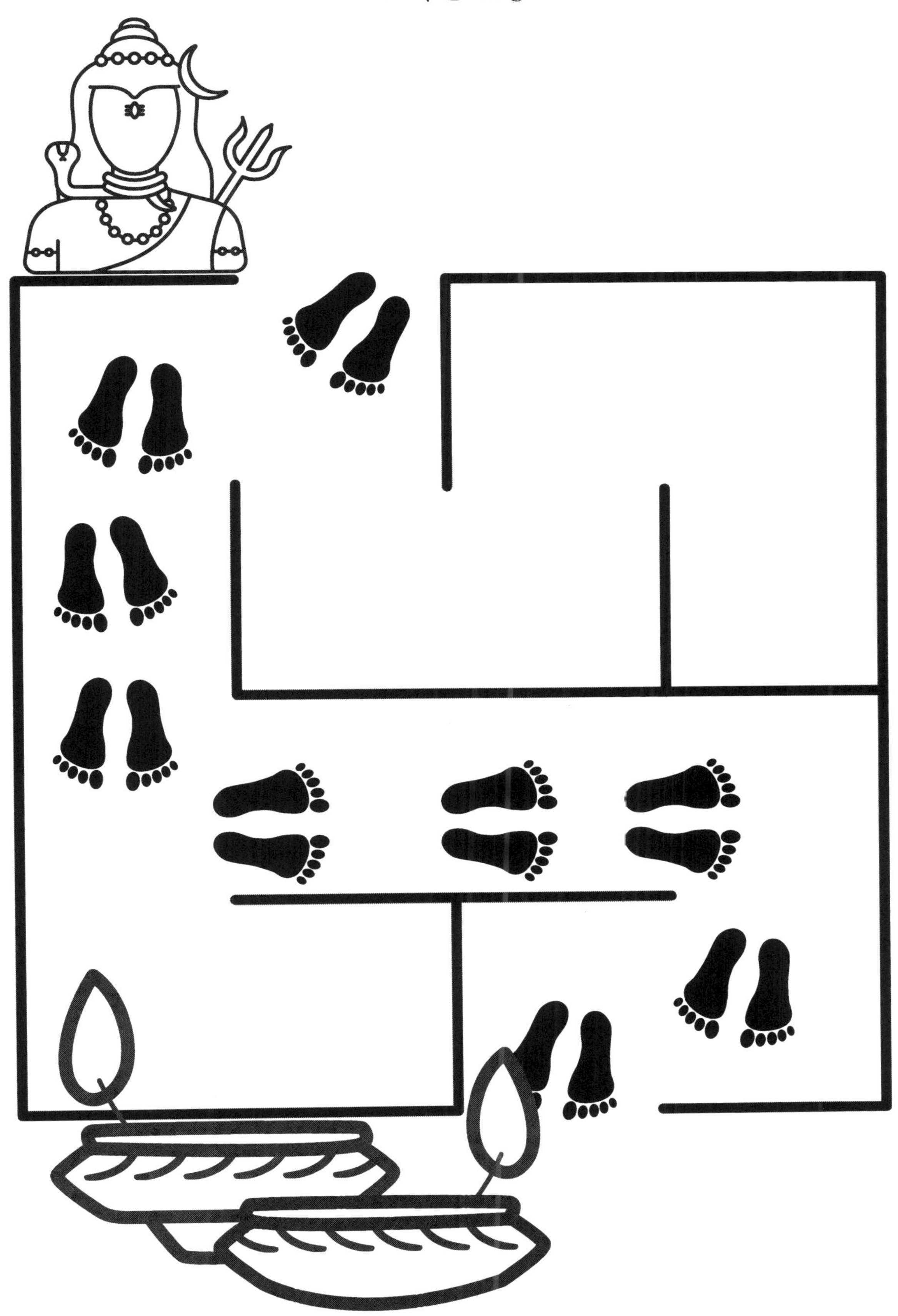

Maze

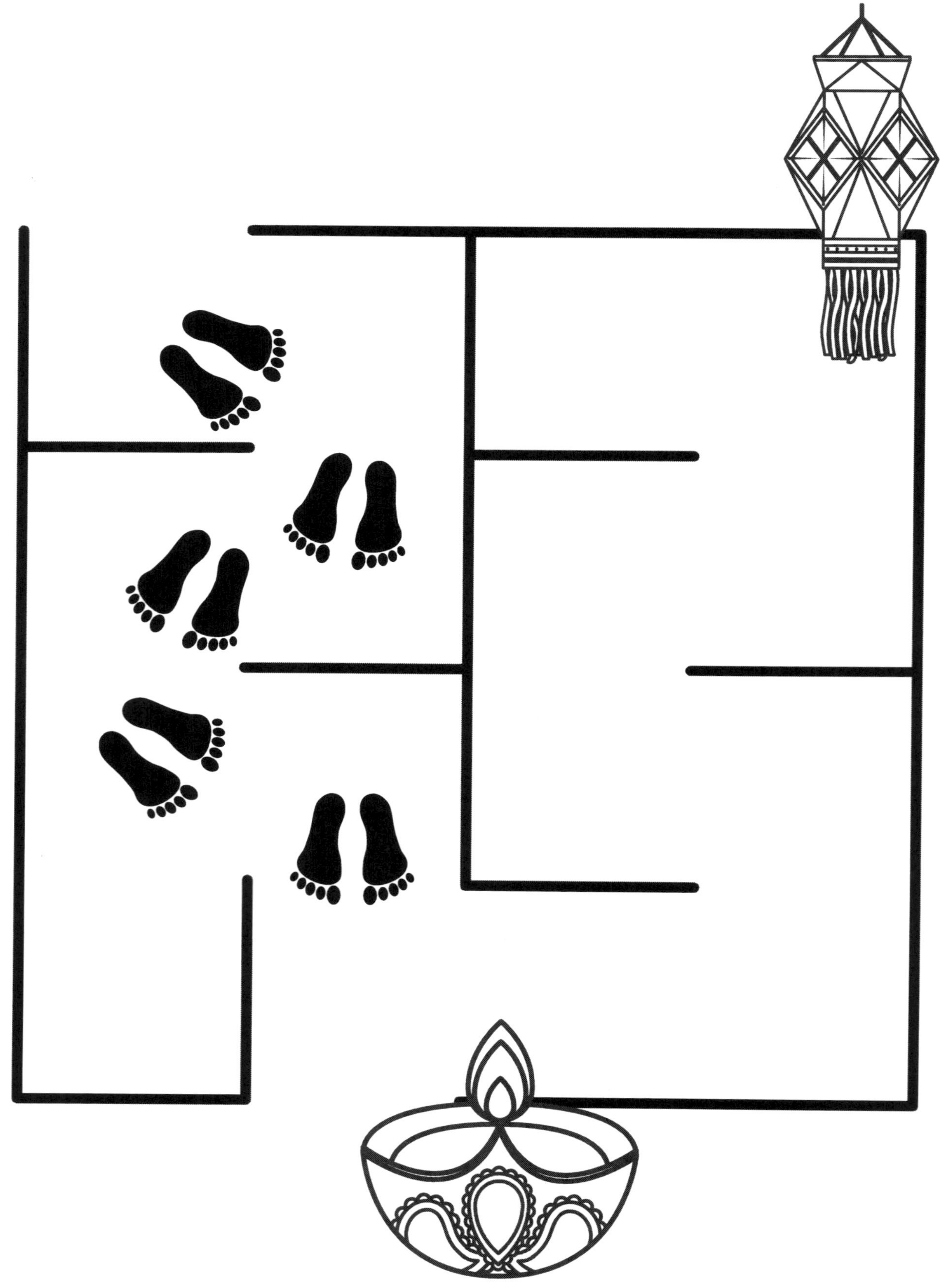

Maze

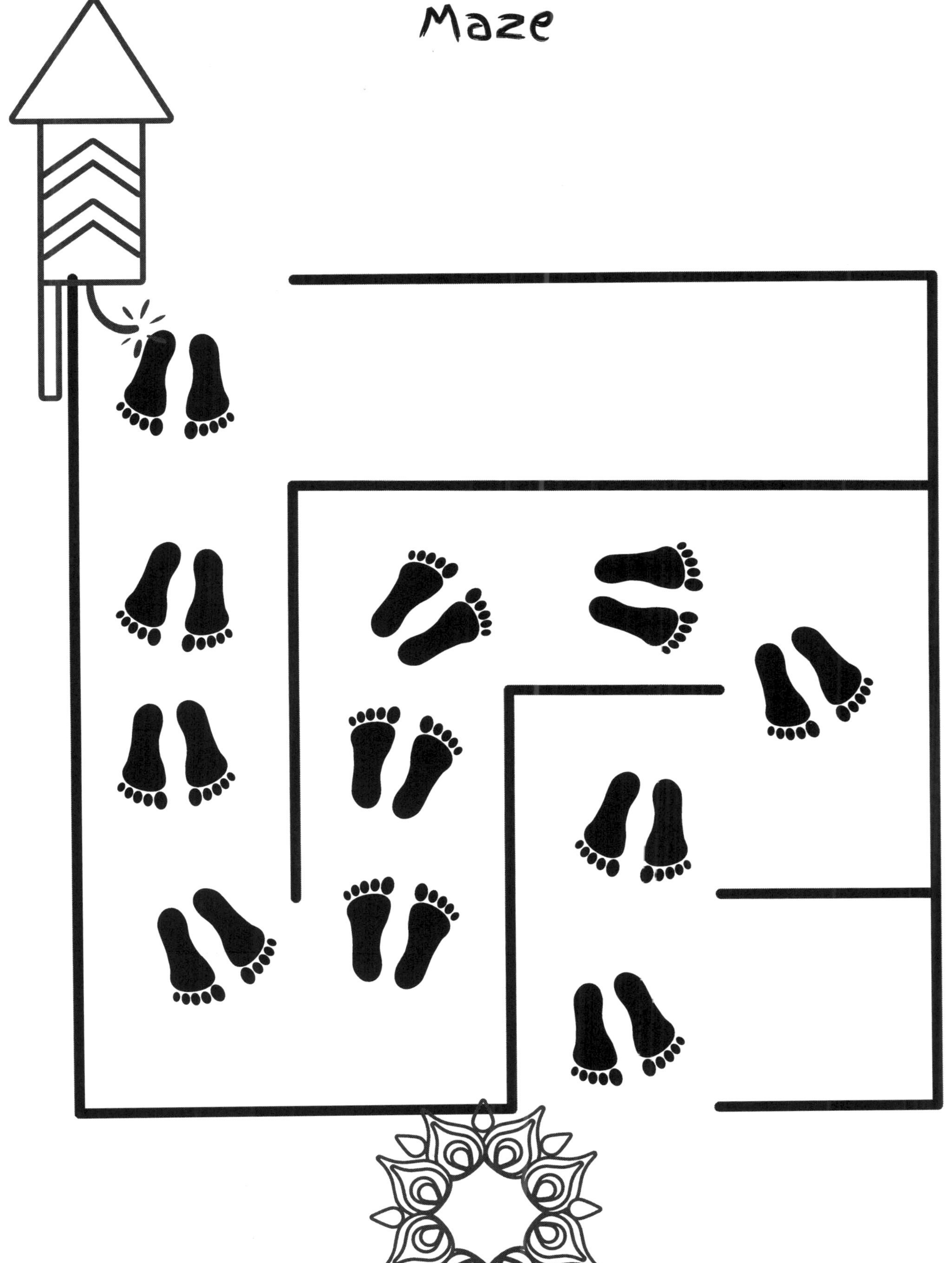

Maze

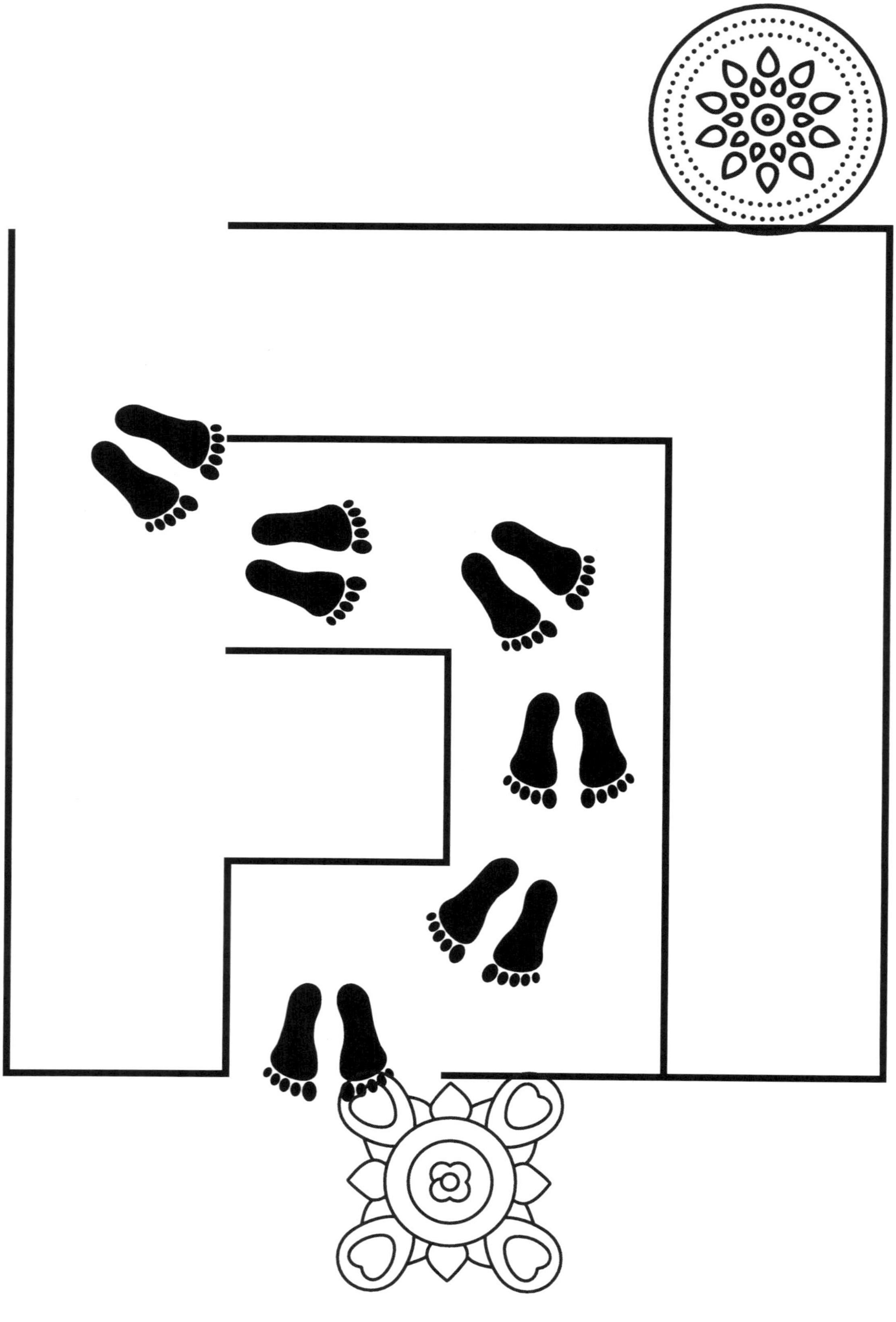

Maze

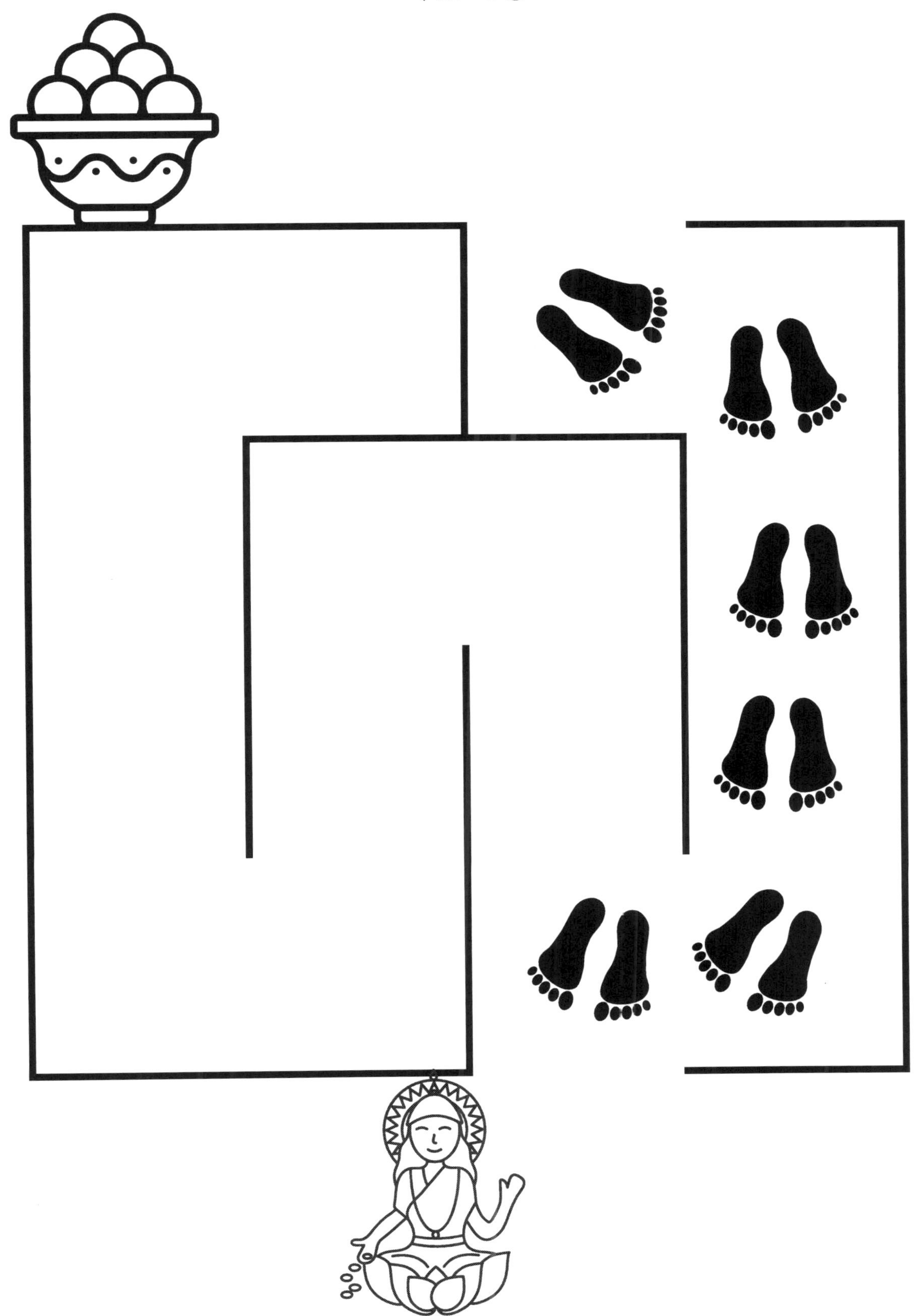

Spot The Differences

Spot The Differences

Spot The Differences

Spot The Differences

Spot The Differences

Spot The Differences

Spot The Differences

Spot The Differences

Spot The Differences

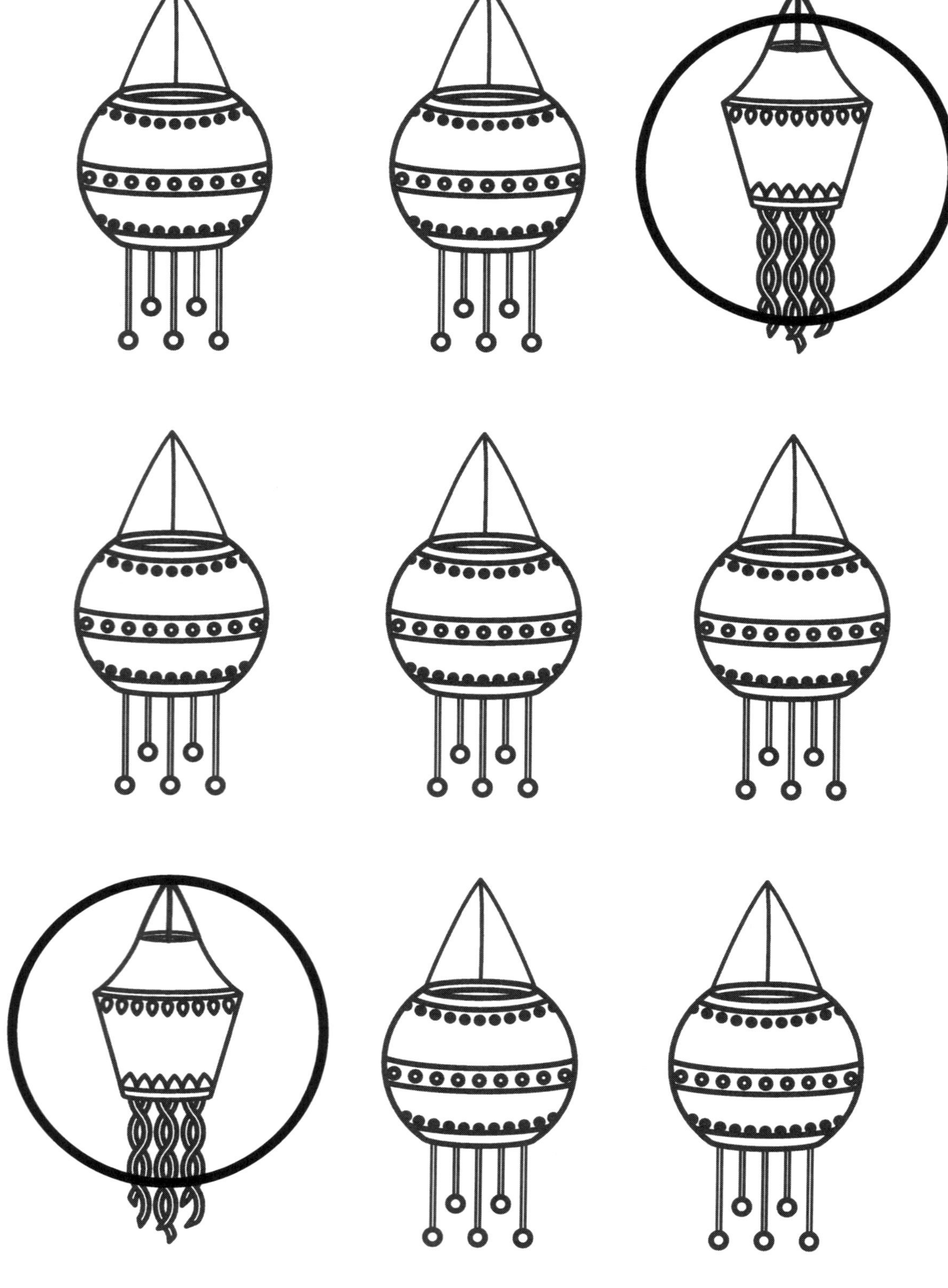

Spot The Differences

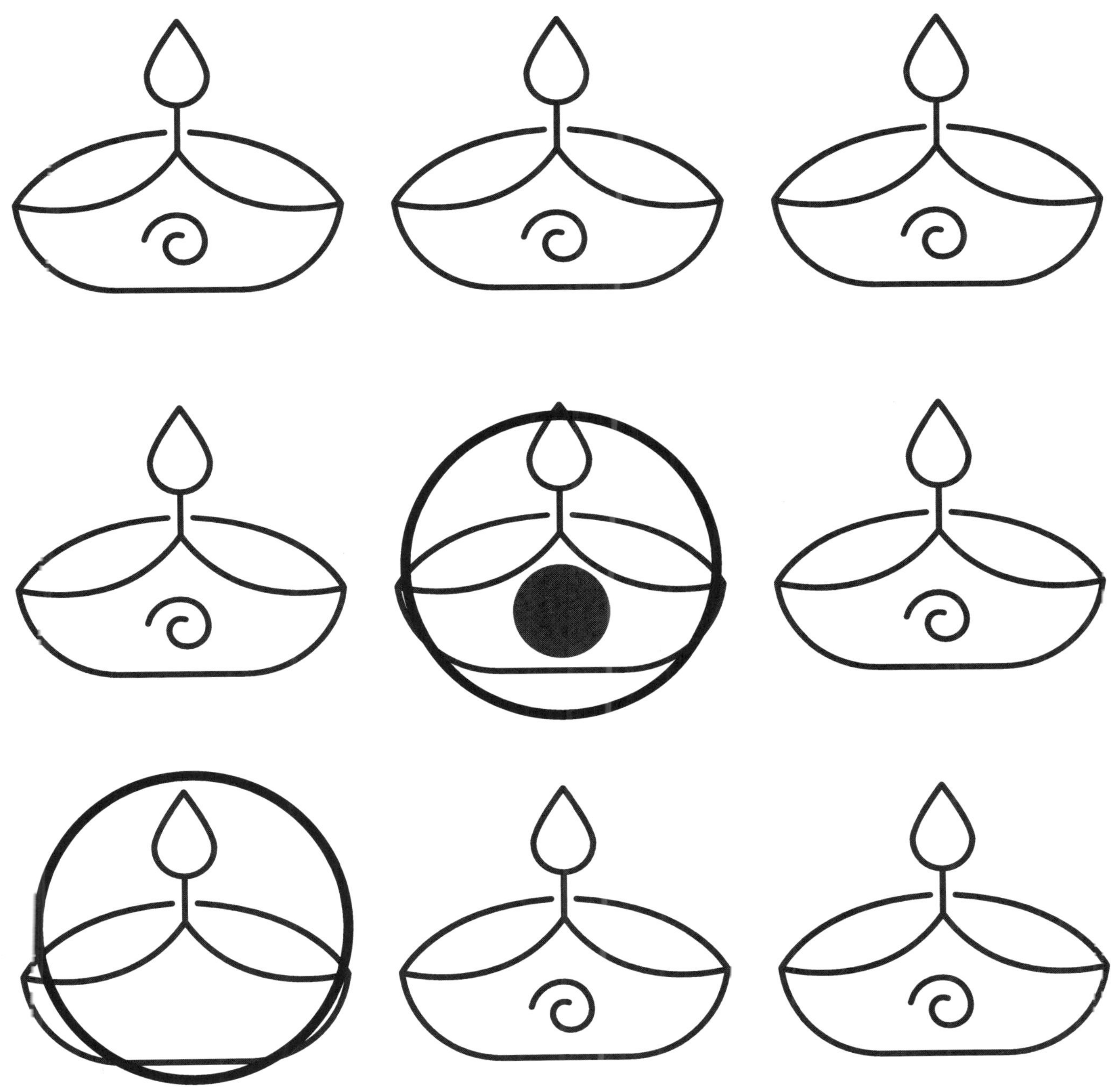

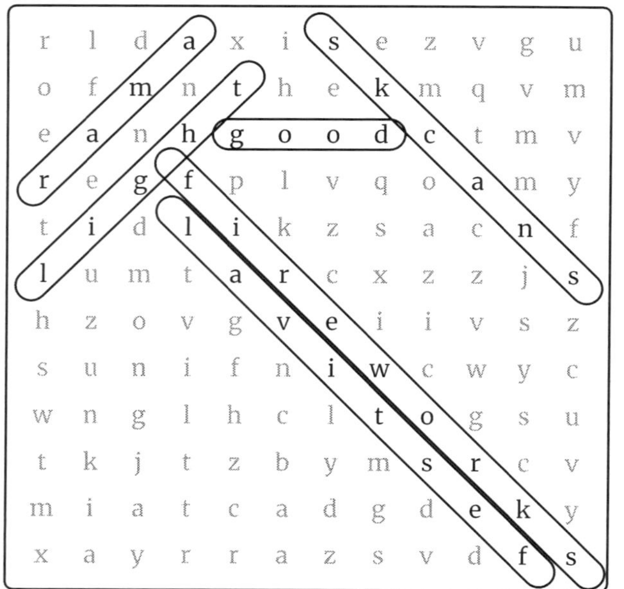

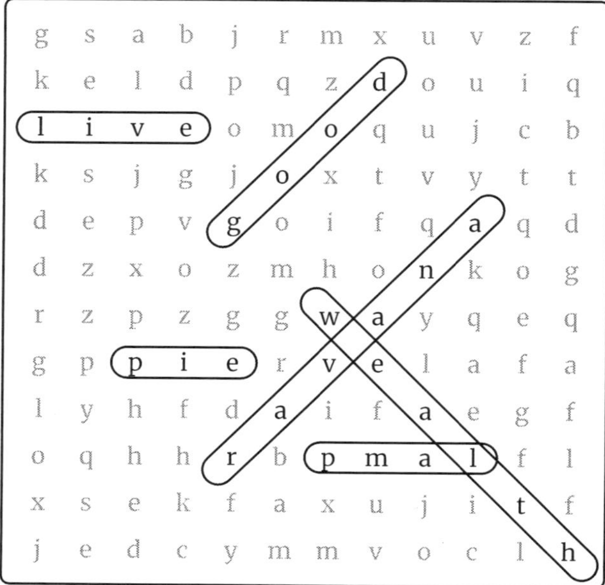

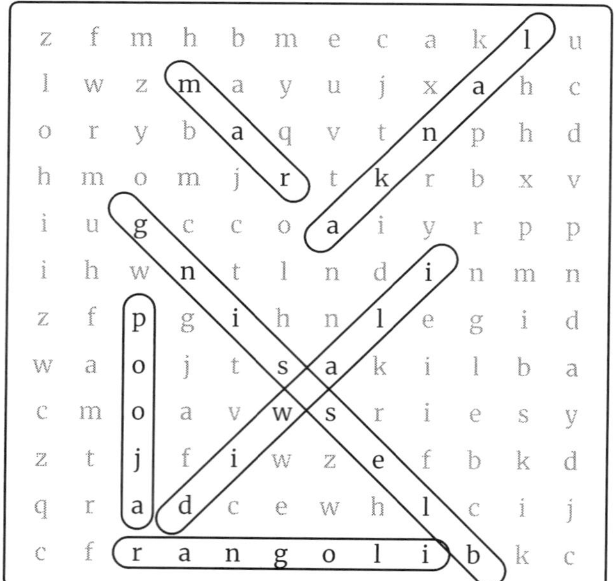

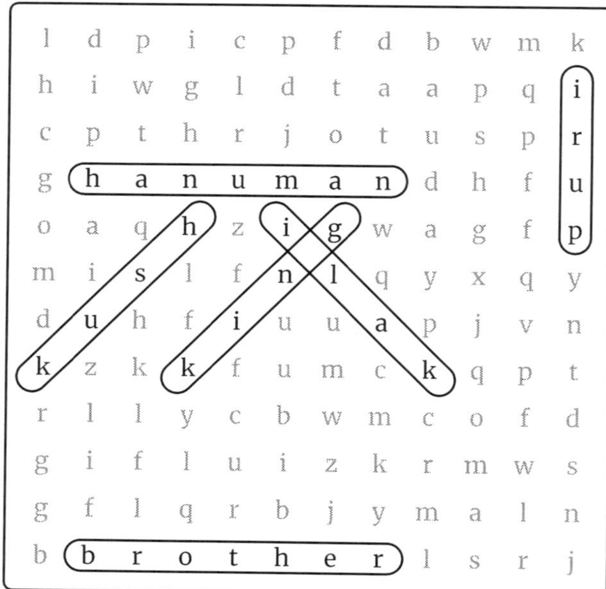

r p f g i b d i q c j d
f s n v g h w i r a x q
b t t a h i r v v g d h
c n g q v b a a y a n p
i e z h l t o r w u p x
q s e h k m y e i k q b
t e m h t a z t s x b t
x r d i l c x r r u r p
f p t n e t a f j a g i
l o y d h e z j o o p j
q k o u b z j a r i v b
n w y d a y v z f m d o

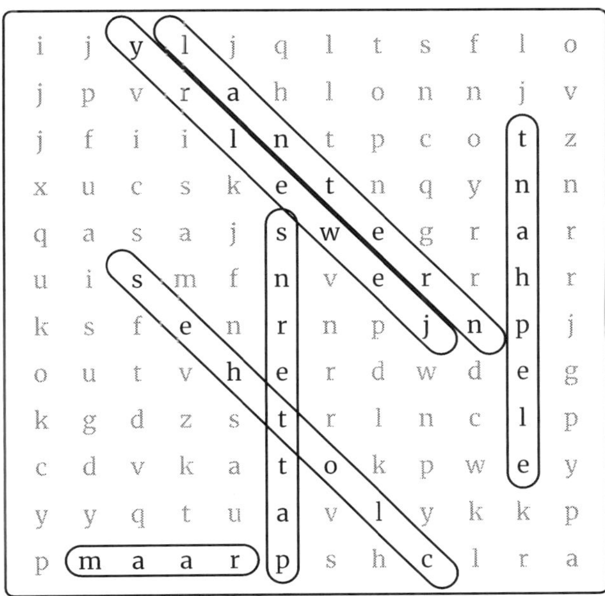

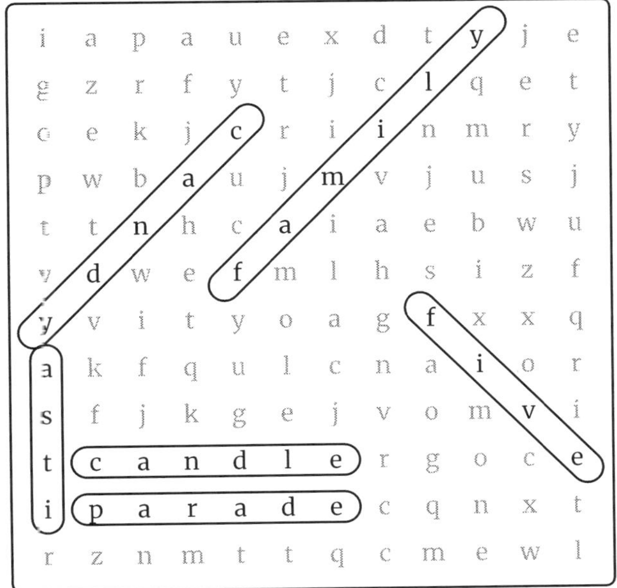

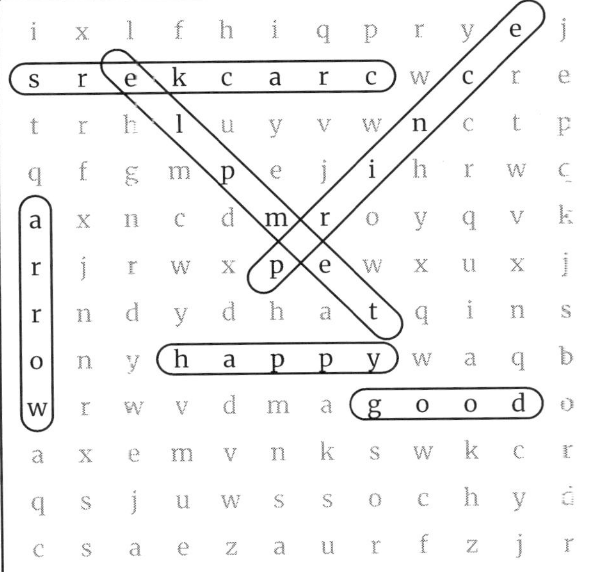

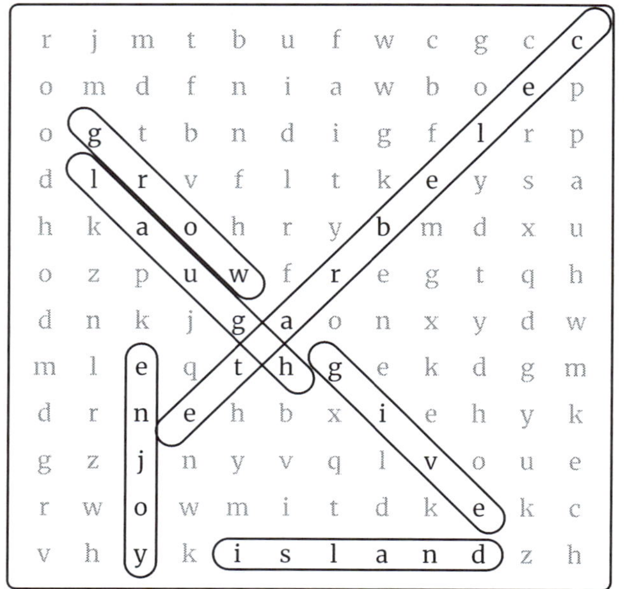

r j m t b u f w c g c c
o m d f n i a w b o e p
o g t b n d i g f l r p
d l r v f l t k e y s a
h k a o h r y b m d x u
o z p u w f r e g t q h
d n k j g a o n x y d w
m l e q t h g e k d g m
d r n e h b x i e h y k
g z j n y v q l v o u e
r w o w m i t d k e k c
v h y k i s l a n d z h

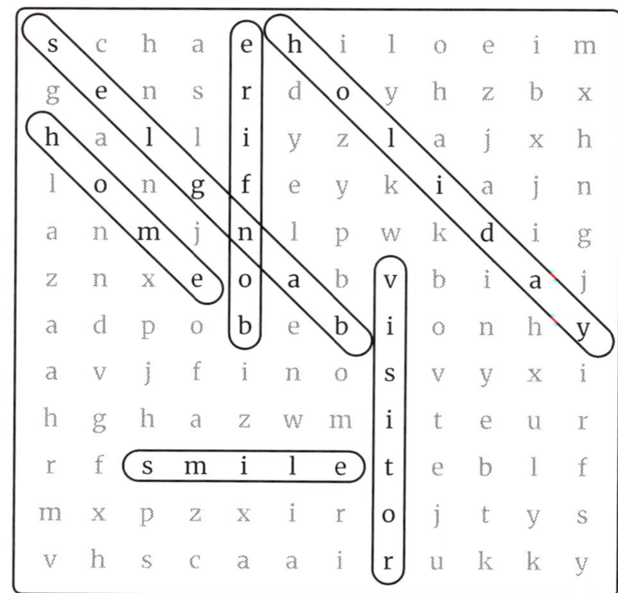

s c h a e h i l o e i m
g e n s r d o y h z b x
h a l l i y z l a j x h
l o n g f e y k i a j n
a n m j n l p w k d i g
z n x e o a b v b i a j
a d p o b e b i o n h y
a v j f i n o s v y x i
h g h a z w m i t e u r
r f s m i l e t e b l f
m x p z x i r o j t y s
v h s c a a i r u k k y

Made in the USA
Columbia, SC
17 November 2024

46828776R00052